本书得到浙江省社科规划项目基金（21NDJC096YB）和浙江省软科学
（2021C25036）以及"研究阐释党的十九届四中全会精神"国家社科基金重大项目
（20ZDA087）和省高校高水平创新团队——转型升级和绿色管理创新团队资助

数字时代企业转型升级和绿色管理丛书

新时代企业战略转型与绿色创新管理研究

基于系统建模与创新实践视角

赵 江◎著

经济管理出版社

ECONOMY & MANAGEMENT PUBLISHING HOUSE

图书在版编目（CIP）数据

新时代企业战略转型与绿色创新管理研究：基于系统建模与创新实践视角/赵江著．—北京：
经济管理出版社，2021.6
ISBN 978 - 7 - 5096 - 8018 - 6

Ⅰ.①新…　Ⅱ.①赵…　Ⅲ.①企业战略—战略管理—经验—浙江　Ⅳ.①F279.275.5

中国版本图书馆 CIP 数据核字（2021）第 098303 号

组稿编辑：张莉琼
责任编辑：张莉琼　姜玉满
责任印制：张莉琼
责任校对：王淑卿

出版发行：经济管理出版社
　　　　　（北京市海淀区北蜂窝 8 号中雅大厦 A 座 11 层　100038）
网　　址：www. E - mp. com. cn
电　　话：（010）51915602
印　　刷：北京虎彩文化传播有限公司
经　　销：新华书店
开　　本：720mm×1000mm/16
印　　张：12.5
字　　数：203 千字
版　　次：2021 年 6 月第 1 版　2021 年 6 月第 1 次印刷
书　　号：ISBN 978 - 7 - 5096 - 8018 - 6
定　　价：78.00 元

总　序

　　以数字科技革命为代表的互联网经济和数字经济正全面引领中国经济的发展，我们已经步入了数字时代。以大数据、人工智能、云计算为代表的数字时代催生了新的管理理念和管理模式，数字时代要求企业转变经营理念、加快转型升级。数字时代下随着转型升级成为中国经济发展的主旋律，针对管理实践中如何破解"成长中的烦恼"、推进经济结构的战略性调整和发展方式的根本性转变这一时代难题，我们需要坚定不移打好转型升级系列组合拳，深入研究转型升级的管理战略和路径方法，这也是中国未来相当长时期的一个重点任务。

　　绿色是生命的象征、大自然的底色，绿色更代表了美好生活的希望、人民群众的期盼。绿色发展是将环境保护作为可持续发展重要支柱的一种新型发展模式，成为当前我国经济最为重要的发展方式。"绿水青山就是金山银山"，践行绿色发展理念，推动绿色发展革命已经获得了政府、企业和社会各界的广泛认同。党的十九届五中全会公报提出"促进经济社会发展全面绿色转型"，"十四五"规划再次明确"促进经济社会发展全面绿色转型"。可以预见，绿色发展将在未来国家中长期发展中占据极为重要的地位。

　　长期以来，浙江财经大学工商管理学院始终坚持求真务实、服务社会的社会责任心，秉持科学严谨的学术态度，坚持从实践出真知，研究围绕国家和浙江区域发展面临的重大组织困境、社会管理困境展开，用有效的科学手段来深入解答管理学问题，推动管理学研究从"外生性"向"内生性"转变，推动管理学知识体系从"静态均衡"向"动态均衡"发展。本系列丛书是浙江财经大学工商管理学院教师多年来对企业转型升级和绿色管理实践研究的学术成果结晶。丛书围绕数字时代企业转型升级和绿色管理的具体实践和经验进行精耕细作式解剖、探讨，深入挖掘数字时代企业转型升级和绿色管理成功的内在原因，分析企业转型升级和绿色管理面临的机遇和挑战。

本系列丛书主题涵盖数字时代下企业转型升级和绿色管理的各个方面，具体包括"平台企业嵌入集群创业网络下的产业转型升级研究""定制化绿色信息影响研究""开放式创新网络中的价值创造与价值独占研究""绿色消费溢出效应研究""绿色管理背景下道德注意研究""企业战略转型与绿色创新管理研究""基于绿色消费人本管理的消费幸福研究""组织转型与绿色人本管理研究""生活方式绿色转型研究""浙商数字化转型升级经验研究""成员异质性及其影响研究""互联网背景下绿色创业研究"等。丛书通过对相关企业转型升级和绿色管理的深度剖析，力求从多个维度或不同角度全方位阐释数字时代企业对外部环境的响应和自组织变革，进一步传承浙江企业拼搏进取、开拓创新的商业精神，同时形成企业转型升级和绿色管理的系统理论体系。

期望本系列丛书的出版为数字时代中国特色管理理论特别是转型升级和绿色管理理论发展增添更多现实基础，更有效、更精准地赋能新时代各类企业开创新的辉煌。期待本丛书的出版在一定程度上会对各类企业转型升级和绿色管理实践提供一定的智力支持和思想引领，从多个角度助推新时代中国企业加快转型升级和绿色高质量发展的步伐。

王建明　教授

浙江财经大学工商管理学院/MBA 学院院长

2021 年 4 月

前　言

创新是一个企业生存与发展的内在驱动力，更是一个国家永续发展的不竭动力。从蒸汽革命到电力革命，从计算机和信息技术革命到人工智能和清洁能源革命，以创新为基础的四次工业革命推动了全球的经济增长，也改变了我们的社会生活。回顾人类发展历程，工业革命给企业带来了资源配置方式的巨大变革，但同时也产生了严重的生态失衡，现有的经济增长是典型的资源掠夺型模式，造成的负面影响是深远的。对于中国而言，改革开放 40 余年取得了举世瞩目的伟大成就，实现了前所未有的历史性变革。根据国家统计局数据显示：1978 年，中国的国民生产总值只有 3679 亿元，2017 年突破 80 万亿元，2020 年达到 1015986 亿元（首次突破 100 万亿元），中国的经济总量已经跃居世界第二。近年来中国对世界经济增长率贡献超过 30%，中国经济的一举一动直接影响到世界经济的变化，已经成为世界经济增长的动力之源。伴随着中国经济飞跃的同时，大量科技成果不断涌现，包括载人航天、高铁、量子科学、核电、特高压输变电等技术水平已经跃居世界前列，围绕这些前沿科技的战略新兴产业取得重大原创性成果。然而，伴随着我国改革开放取得巨大成就的同时，自然资源过度使用、环境污染日益严峻成为政府和企业面临的重要困境。在这一现实背景下，习近平总书记做出了"绿水青山就是金山银山"的科学论断，强调对生态环境的改善成为社会的重要职责，强调对资源的优化配置成为减缓气候变化、降低工业化污染等负面效应的重要举措。这就要求社会和企业重新审视社会发展的总体目标和行动，切实摒弃"高污染、高排放、高消耗"的单指标发展观，真正构建和谐统一的绿色发展观，提升企业的技术创新能力，即在企业进行创新过程中，始终将追求环境保护和追求社会发展指标作为企业发展的目标，从而推动社会和企业的可持续发展。

美籍奥地利经济学家熊彼特将"创新"归结为产品创新、技术创新、组织创新、资源配置创新等类型。绿色创新则兼具技术创新和资源配置创新等特征。从市场角度来看，绿色创新需要企业通过革新技术手段，尤其是绿色生产技术、工艺技术提升产品的质量，故其核心是推动产品的技术创新并引入市场，取得市场效益。从环境角度来看，企业绿色创新需要对生产资源、能源耗费等进行优化配置，尽可能地降低资源消耗程度、提高能源的综合利用效率。同时避免产品生产过程中造成环境的破坏，降低对环境的负外部性。显然，这一目标的核心是强调对环境进行管理创新，在环境规制条件下，通过调控企业的污染物排放等措施实现企业的社会价值。可见，相比单纯的企业技术创新，绿色创新具有双目标性，即经济目标和环境目标，既要保障企业通过创新活动提高企业的利润，也要通过创新活动降低企业生产对环境的负面影响，提升产品的环境价值。构建企业发展二元目标的结果就是可能导致企业在发展过程中只注重其中一项目标而忽略另一项目标，这就需要企业重新审视绿色创新的内涵，将"经济绩效"和"环境绩效"有机地结合起来，通过绿色创新，创造出适应社会调整、经济改革和生产力发展的社会力量，将资源从消耗型发展向质量驱动型发展。切实树立绿色环保、低碳增效的循环发展理念并将其融入企业的产品生产过程中。

从经济发展过程来看，从"十三五"到"十四五"时期，中国经济由高速增长发展模式逐步转变为长期中高速增长模式，经济进入了"新常态"，经济增长模式和增长类型都将发生巨大的变化，社会发展越来越强调经济发展和环境质量的关系。强调通过转变经济发展方式，提高社会资源的利用效率以保持经济稳定增长。从浙江经济发展来看，2019 年浙江全年地区生产总值（GDP）62352 亿元，同比 2018 年增长 6.8%。以新产业、新业态、新模式为特征的"三新"经济增加值占 GDP 的 25.7%。数字经济核心产业增加值 6229 亿元，年增长率超过14.5%。节能环保、健康产品、高端装备增加值分别增长 5.7%、8.3%、5.2%。2019 年，浙江新设规模达万亿元的八大产业，其中小微企业达 11 万家，占新设小微企业总数的 27.03%，全省新设小微企业中健康产业、数字经济产业、文创产业活动指数分别为 137.26、133.04、139.70，位居全省前三。可见，通过实施创新驱动发展战略，以民营经济为特色的浙江经济正呈现"总量不断增长、质量不断提升、社会经济贡献率不断提高"的良好发展状况。浙江的经济转型已经取得了显著的成效，构建环境友好型社会建设已经成为浙江经济发展的重要举措。仅 2015 年一年，浙江消灭垃圾河长度就超过 6500 公里，完成黑河、臭河长度治理超过 5100 公里；2016 年，浙江省完成 1 亿立方米的年度清理淤泥任务；2017 年全省 221 个省控断面水质均达到或优于Ⅴ类水标准。强制关停数千家具有高污染的化工、造纸、印染等企业。通过"治污水、防洪水、排涝水、保供水、抓节水"的"五水共治"生态建设倒逼经济转型，推动了经济增长方式的转变，提升了小乡镇和"美丽乡村"建设水平。在生态效益和经济效益中达到均衡，从而增强了城乡群众的幸福感。在绿色创新层面，通过"三改一拆"等产业转型升级举措摒弃了高污染的产业结构，使以高端制造业、信息产业等为特色的浙江实体经济得到全面的振兴。在管理创新层面，"最多跑一次"的政府管理改革也正撬动浙江社会经济、社会各领域深层次改革，通过改革促经济发展、保经济发展。

本书旨在以浙江经济的市场实践为基础，深入剖析浙江企业的绿色创新转型和管理实践经验，并将相关实践经验综合构建为最新的创新研究成果。力求使读者"管中窥豹"——通过浙江典型企业的转型升级过程理解绿色创新的具体理论。强调通过绿色创新的基本理论和方法指导企业进行绿色产品生产。因此，本书在撰写过程中，始终突出以下的两个基本特点：其一，坚持企业绿色创新基础理论和具体实践相统一的原则。各章结合企业绿色创新理论模型和绿色创新方面的成功案例和经验进行分析，通过剖析典型企业绿色创新的具体过程，使读者深刻认识到企业绿色创新的全部历程。其二，坚持基础性和前沿性相统一的原则。各章内容既要得到读者对绿色创新的基本原则和理论方法的认可，也要体现当前国内外学者的最新绿色创新前沿理论和思想成果。

本书采用系统建模和案例分析相结合的方法研究浙江企业转型和绿色创新的相关经验。通过具体案例导入，从企业绿色创新面临的困境、动力要素、绩效平衡关系等方面，对浙江企业的创新实践做了系统性总结和分析。其中，第一章系统地介绍了绿色创新的历史沿革变化。第二章介绍了企业战略转型和绿色创新面临的内外部困境。第三章介绍了新时代企业战略转型和绿色创新的内外部驱动要素和扩散机制。第四章通过理论模型阐明了绿色创新中的绿色绩效和经济绩效的平衡。第五章阐明了新时代企业绿色创新行为系统机制和相关路径。第六章阐述了新时代不同因素对企业绿色创新的影响机制。第七章基于绿色供应链均衡对企业绿色创新活动协调机制进行了系统分析。第八章阐述了企业绿色创新的政府激励政策机理和效果。第九章阐明了本书的创新特色和相关的研究结论。每一章都通过具体的绿色创新案例对相关理论进行佐证，通过理论联系具体实践，详细阐明了浙江企业进行绿色创新的系统过程。本书的成型和出版得益于浙江省社科规划项目（21NDJC096YB）"基于价值链重构的浙江战略性新兴产业创新生态系统演化机理及路径研究"、浙江财经大学工商管理学院企业绿色转型专项研究基金以及"浙江省高校高水平创新团队——转型升级和绿色管理创新团队"的支持。学院领导王建明教授、董进才教授、滕清秀老师等在专著写作和资料收集方面给予了鼎力支持。另外，浙江财经大学沈逸凡同学在部分案例资料收集、书籍文字校正过程中给予了一定帮助，在此一并表示感谢。尽管作者在写作过程中殚精竭虑，力求全面展示企业绿色创新的所有相关前沿理论以及转型升级相关经验，但由于作者水平有限，疏漏与不足之处仍在所难免，恳请广大读者不吝指正。

赵　江

2021 年 2 月

目　录

第一章 绪论

近年来，伴随着国际经济进入了深度转型和调整时期，全球信息化和经济一体化趋势日益加快，围绕经济和社会发展的知识变革成为推动全球经济发展的最主要的生产要素和经济增长的源泉。中国宏观经济也经历着深刻的社会变革，随着社会环境的巨大变化，其经济运行模式和发展过程也发生着变迁，亟须对当前的社会经济结构进行优化。自改革开放持续30多年的经济高速增长后，中国经济站在了爬坡过坎、转型升级的关键期，经济的发展逐步从固有的资源要素驱动、投资驱动型转向创新驱动型经济增长。回顾改革开放40多年以来中国经济的发展历程，长期的高投资、高耗能、高污染给我国的资源、环境带来了巨大的负面影响。经济高速增长对能源的需求进一步增加，伴随而来的对环境的负面影响也对经济的增长起到一定的约束作用。近年来，随着国际能源包括石油、天然气等价格的提高以及对各类生产资源耗费的增长，这对中国经济发展提出了新的战略转型要求：将资源环境约束、能源利用效率、公众生活质量、社会福利、可持续发展等作为新的经济发展要素纳入到中国经济增长的总目标中。显然，这一目标相比单纯地追求国内生产总值，其社会价值内涵更加丰富，这就需要企业围绕经济发展的总目标进一步优化产业结构，提高物质资源的有效利用率，加强对环境的保护。可见，当前强调企业的发展是以"资源效率"为核心的企业可持续发展过程。科技创新是解决资源效率低下的根本途径。一方面，通过科技创新，企业能够有效提升各类生产要素的边际生产力，利用先进的生产方式和生产工具有效提升资源的有效利用率。另一方面，通过科技创新，企业能够加快各类要素资源的优化配置，利用先进的管理方式和创新活动提升资源的配置效率，加快产业结构的优化升级（见图1-1）。

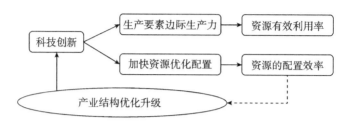

图1-1 科技创新和产业优化升级关系

正如李克强总理指出的，"创新事关国家前途命运"，这表明创新对国家的战略发展至关重要。特别是当前世界经济正处于新一轮的科技革命和产业变革之中，我国面临经济转型升级的关键时期，机遇和挑战并行，这就需要坚持以企业为主体、市场为主导，不断完善创新机制，促进科技创新突破和成果转化。以民营经济为代表的浙江省拥有创业、创新的肥沃土壤。创业创新的过程不仅是企业创造社会财富的过程，同时也是推动浙江省经济和社会发展，推进社会文明前进的重要途径。从发展特点来看：改革开放以来，浙江省90%以上的县市，利用其有限的物质资源，形成了"一村一品、一地一业"特点明显、模式各异的块状工业经济，不少民营企业围绕社会生产所需要的化工、有色金属、机械制造等工业领域产品开展产品制造和生产。这些工业产品的生产往往属于典型的耗能型产品生产，资源耗费大、污染大、产品附加值低，这导致浙江有近三成的用水、约四成的废水排放来自工业企业。水资源的有效利用成为浙江企业发展面临的严峻课题。为此，2014年，浙江在全省开展了以治污水为突破口，协同推进防洪水、排涝水、保供水、抓节水的"五水共治"活动。如今通过一系列的治水活动，倒逼相关的工业企业转型升级，摒弃废水产率较高的工业生产，加强对废水的回收和综合利用。根据近五年的专项综合治理活动，已出现水资源利用率提高和工业对水环境的源头性污染明显削减的可喜现象。其中，全省工业废水排放量近两年累计下降达到14.8%，通过污水治理，不少水体已经从工业废水转变为可以浇灌树木的三类水质。伴随水质和环境的改善，不少企业的经济效益和产品生产都得到了提高。

党的十八大之后，中国的经济结构和经济增长模式都发生了巨大变化，对生态环境的要求也进一步提升，这就要求企业进一步加快绿色技术创新活动，通过创新提升经济的有效性。在企业进行创新过程中，加强对生态环境的保护和各类资源的有效利用，通过技术创新以实现清洁生产和节能减排。然而，由于传统的掠夺式经济发展模式和资源耗费性生产活动，当前的绿色技术创新面临着较为严峻的形势。特别是在构建社会美好生活过程中，当前经济活动对生态环境的保护程度远远达不到要求，针对社会综合发展治理的生态文明建设步伐远远落后于经济和社会发展。因此，"构建以市场导向的绿色技术创新体系，发展绿色金融，壮大节能环保产业、清洁生产产业、清洁能源产业"是党的十九大根据中国的市场发展状况而做出的重要战略部署。其核心目标是在 2022 年基本建成以市场为导向的绿色技术创新体系。可见，通过企业的绿色创新活动倒逼着企业进行战略转型，改变原来以资源消耗为主的粗放式经济增长方式和以高耗能为基础的产品生产，将企业转变成提升资源有效利用程度、提升产品绿色有效性和具备高质量产品的市场竞争力的产品品牌转变。进入新时期的企业转型并非属于完全自发性质，相反，企业的转型过程与当前企业所处的经济环境、社会发展密切相关。由于当前企业的外部市场环境，包括企业外部的政治环境、技术环境、社会环境、经济环境等已经发生了巨大的变化，单纯的资源掠夺型战略模式已经难以适应市场的外部市场环境和企业间的竞争格局。这就需要企业从战略层面重新对当前的目标、使命、市场战略等做出评价，根据外部环境和市场的变化，改变传统的经营方向、运营模式以及相应的生产组织方式。其核心是企业在产品生产过程中，改变传统的资源配置方式并进一步加快提升绿色技术创新的水平，通过转变企业的技术研发目标和相应的技术形态，加快推进与生态环境密切相关的技术创新相关活动。这就需要企业围绕绿色产品生产和社会发展为战略目标，通过技术创新活动加强生态文明建设，将高质量社会发展引入企业发展。

创新是企业发展和社会经济发展的核心动力，而绿色创新已经成为浙江企业可持续发展与战略转型的核心动力。"十四五"时期是浙江省强化创新驱动、完成新旧发展动力转换的关键时期。同时，这一时期也是优化浙江经济结构、全面提升产业竞争力的关键期。围绕企业发展和社会发展的核心目标，企业创新和绿色治理已经成为企业发展乃至浙江经济转型的内在驱动力。相较传统的技术创新而言，绿色创新是以减少污染、改善环境、节约能源为目的而进行的创新或者能带来良好绿色效益的创新活动，可以从根本上带动和促进可持续发展及提升竞争力（彭雪蓉，2014）。通过绿色创新打破固有的资源配置方式并将新的资源配置方式引入市场。浙江要坚定地走节约发展、清洁发展、经济快速发展的绿色战略转型升级之路，为此，所需要的重要途径和手段就是通过技术创新，尤其是以降低能耗、保护环境为基础的绿色技术创新。通过一系列的绿色创新行为活动，企业才能有效地转变经济发展方式，在企业经济效益增长和资源节约、生态环境保护之间找到一个最佳均衡点。在保护环境、提高资源利用率的前提下提升企业的经济效益以期实现可持续发展。

通过绿色创新，企业在产品生产过程中对环境造成的负面影响或副作用进一步降低；通过具体的绿色环保、绿色工艺改进、绿色产品生产等活动，企业的社会责任形象也大幅度提升。从市场角度来看，产品的绿色化程度大幅度提高从而提升了产品的市场竞争力，这对于重新塑造企业的市场竞争优势、提升社会价值具有不可替代的作用。特别是针对绿色产品的市场需求以及环境保护等因素，这就需要大力发展绿色经济，绿色增长的核心是提高资源的环境绩效，即通过关键生产技术的革新不断提高资源的利用效率，降低环境污染程度，降低碳排放量，提升能源的有效利用度并降低能源强度。从企业发展角度，提升绿色技术创新的关键是提升企业的绿色技术创新能力，即提升企业进行绿色产品的技术研发能力、组织能力和市场能力等。

然而，相比普通的技术创新，企业的绿色创新具有双重外部性（见图1-2）：其一，企业为了降低生产过程对外部环境所产生的负面效应，在技术创新过程中针对相关的产品生产、流通、回收、市场导入等各个环节支付了创新的全部成本，这大大提高了企业在绿色产品生产过程中的各项成本，导致企业所承担的"绿色成本"和"绿色收益"具有不对称性，相关的创新活动最终难以获得相关的创新收益。其二，企业在绿色创新过程中需要对各类生产资源进行合理利用。如果企业对各类废弃资源的排放成本远小于社会治理成本，则企业明显缺乏绿色创新的动力，更愿意通过有效的社会治理来解决"排污—治理"这一矛盾冲突，甚至采取主动排污等手段降低企业污染治理成本和绿色创新的效率。

本书拟从企业、政府、用户、市场等多个视角出发，利用静态均衡博弈模型和委托代理模型，并结合绿色技术创新活动的双重外部性来阐释政府引导企业加强绿色创新的必要性和有效性。另外，由于企业的绿色创新活动既有内部因素的

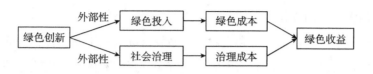

图1-2 绿色创新影响绿色收益的双重外部性

作用，也有外部因素的影响，如何有效地评估企业内外部风险至关重要。为此，本书利用直觉模糊理论模型等构建基于直觉模糊的企业绿色创新评估体系，拟从不同维度分别阐述影响企业绿色创新所面临的多重因素，通过直觉模糊综合评价更有效地分析企业绿色创新活动面临的具体困境，根据模型结果分析企业如何选择有效的创新因素加强绿色创新。

第一节 企业绿色创新历程沿革

绿色创新是关于创新理论的一个重要领域，也是一个新兴领域。绿色创新的核心是"绿色"，而其本质是"创新"。这一研究最早源于1912年美籍奥地利经济学家熊彼特在其经典著作《经济发展理论》中所阐述的创新理论。在这一经典作品中，熊彼特首次将创新活动定义为生产函数的调节变量，并强调创新主要包含技术创新、组织创新和管理创新三部分，相关的创新活动对经济发展具有显著的推动作用。其核心理念是强调创新是通过内外部活动改变了企业固有的生产要素配置方式和生产组织方式，或者说是通过企业的各种生产、经营活动推动了生产要素和生产条件在新经济环境下的优化组合。其中，技术创新并非单纯地对产品技术进行研发革新的过程。相反，技术创新的本质是将新产品或新技术引入市场的过程。然而，市场作为"看不见的手"，在对生产要素、人力资源、资金等要素进行配置时，总是围绕"利润"这一唯一指标进行优化，单纯地将产品要素重新整合并引入市场。可见，无论在观念还是具体实践上，传统的技术创新都是以市场利润最大化为企业生产目标，几乎很少考虑由于技术创新带来的生态问题。如果不对市场加以有效的监管，资本的逐利性必然会导致企业对各种外部资源进行掠夺性开发，在产品生产过程中对各种能源资源不加控制地滥用。对产品生产过程中产生的废物不加控制，最终可能对环境和各种资源造成严重的负面影响，导致技术、经济、社会和自然几大系统之间失去平衡。传统的企业技术创新在不断进行市场扩张的同时与固有环境资源存量的有限性形成尖锐矛盾，进一步加剧了人与自然的矛盾。近年来，发展的绿色技术创新活动则是一种强调人与自然协调发展的技术创新。特别是在以保护外部环境、节约资源为市场导向的绿色技术创新活动中，对各类资源和能源的有效利用成为企业在产品生产过程中需要考虑的现实问题，为此，检验企业是否加强绿色技术创新还需要考虑产品生产过程中所产生的社会价值和环境价值。特别是，一方面，在新时代社会发展面临着经济增长和环境保护的双重目标问题；另一方面，需要解决企业发展中的内自驱动力问题以及满足人民群众对高质量社会生活的需要。这就需要遵循社会可持续发展规律，加强国家的有效治理，强化体制创新和政策环境优化，注重产业结构升级优化和技术创新，并积极推进不同产业的绿色发展转型。

由于人类对自然资源的掠夺性开发，全球生态环境不断恶化。各国政府也通过环境立法等方式对企业的生产行为进行监管和约束。企业对其产生的污染或环境损失进行补偿已经成为未来企业发展的一种趋势。进入21世纪以来，国际市场的环保意识大大提高，违背有关环保政策法规的企业将面临巨大的国际舆论和国际竞争压力，市场对产品的选择也更趋向于"绿色化"。可见，面对新时期，社会对生态环境保护和资源整合利用提出了更高要求，这就需要企业通过对现有业务模式和组织形式进行结构性变革，对现有管理活动进行优化整合以期取得最优的经营绩效。在创新过程中，企业面临着经济环境、产业要素、市场资本、市场风险等多重不确定性（见图1-3）。

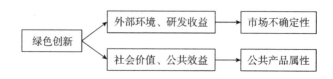

图1-3 绿色创新的二元属性

外部市场环境的不确定性决定了企业的研发成本、收益和市场前景等内部要素的不确定性。此外，在企业技术创新过程中，企业的管理模式、组织结构和制度决策能否适应技术创新的相关活动，或者企业的外部市场环境、政府的调控政策等都存在一定的不确定性。这种不确定性可能给企业带来巨大的市场经营风险。此外，企业的绿色创新活动对社会环境、资源利用、能源耗费等都有巨大的影响，相应的创新行为所生产的产品也会对社会带来巨大的社会价值和公共效益。这一属性就是典型的公共产品属性。这表明，企业在绿色技术创新研发活动中具有典型的二元属性——不确定性和公共产品属性。二元属性的存在就要求企业一方面通过技术创新活动变革产品的生产观念、重新优化企业的组织结构、优化产品的创新生产流程，针对消费者的需求倾向和竞争对手的竞争行为不断采取有效措施以提升相关人员的综合能力等，在推动企业技术创新进程中随时保持必要的市场应变能力并以最大可能降低不确定性。另一方面企业需要通过具体的技术创新行为提升公共产品的市场价值，在产品生产过程中减少资源和能源耗费以提升公共效益，降低公共危害或负面效应，最终寻求企业经济发展的新的增长点，并获得新的市场生机。

一、技术创新的概念及其过程

自熊彼特在 1912 年首次提出技术创新的基本概念后，国内外学者对技术创新内涵和外延的理解不断向深入推进。从技术创新范畴来看，狭义的技术创新仅仅强调企业进行的与产品或服务有关的技术革新活动；广义的技术创新则强调企业将一切与产品或服务有关的新产品和新工艺研发并引入市场的过程；而从要素市场的角度，企业的技术创新是企业对固有的生产要素进行整合重组并引入产品市场的过程，同时也是企业进行市场竞争的重要核心能力。这一定义相比技术创新的狭义和广义范畴，其定义更为微观，更强调将涉及产品生产的一切生产要素重新整合（见表 1－1）。

特别是进入 5G 时代后，围绕信息技术、数字化技术、新材料技术的新技术革命正在深刻地影响着社会的发展。企业在提供产品和服务的过程中，更多地强调知识和技术在产品服务中的含量。例如，深圳华为技术有限公司自 1988 年成立以来，始终坚持创新发展理念。华为公司始终将技术创新作为企业生存发展的重要基础。在 2G 时代开始紧追摩托罗拉等企业围绕无线电话交互机等进行研发，

表1-1 技术创新定义的范畴和特征

范畴	内容	特征
狭义技术创新	企业进行的与产品或服务有关的技术革新活动	技术革新
广义技术创新	将新产品或新工艺研发并引入市场的过程	引入市场
要素市场定义	企业对生产要素的重新整合重组并引入市场的过程	生产要素整合

在3G时代逐步脱颖而出并基本达到国际顶尖企业技术水平，在4G时代其智能手机已经在许多方面超越国际顶尖企业水平，而在5G时代与智能手机相关的手机"操作生态系统"已经更加完善，自主芯片研发水平达到世界一流水平，信号传输技术开始领跑全球顶尖企业。深圳华为技术有限公司的发展历程表明：企业的技术创新是企业进行市场竞争的基础。技术创新已经成为企业赢得市场份额并获取竞争优势的主要途径。技术创新具有复杂性，特别是在将产品和技术引入市场的过程中，企业面临着多重风险，包括市场风险、资金风险、技术风险等，相关的技术创新可能给企业带来巨大的收益，同时也可能给企业带来巨大的经济损失。为此，根据 Schilling M. A.（2005）的创新隧道模型，在最初的3000个创新设想中，最终可能只有1项能够在商业上获得成功。这表明技术创新的市场风险极大。这种市场风险会导致企业在创新过程中进一步追求利润最大化以避免资金和市场投入出现失败。

绿色创新的理论研究最早源于 Brawn E. 和 Wield D.（1994）的理论，其核心思想是绿色技术应以保护环境为理念，涵盖各种减少环境污染、降低资源耗费和原材料损耗的技术、工艺和流程等与环境密切相关的技术活动。绿色创新本身是强调将环境保护要素作为产品制造的重要考虑环节，在产品研发设计过程中降低碳排放，减少负面环境效应并研发出满足消费的各种节能、环保类产品。绿色创新实证研究文献表明，绿色创新在资源保护和利用的实践中意义巨大。其中，从国际范围来看，欧盟国家的相关绿色创新行为已经比较广泛，并且在发展中显著地从产品的末端治理到清洁生产的转型，即从终端向初始阶段发生转变。并于2007年在"竞争力和创新框架研究项目（CIFP）"中的"企业与创新"子项目中设立绿色创新专题，目标在于厘清绿色创新的概念，识别建立绿色创新相关指标及统计体系的方法等。通过具体创新活动减少全球人为活动的温室气体排放量，21世纪内将全球平均增温趋势控制在2℃的范围内。2015年底召开的巴黎气候大会更提出将平均温度升高控制在1.5℃范围内的目标。这表明：社会和公众对环境保护意识进一步加强。围绕环境保护下的企业技术创新成为未来企业发展的重要基础。

Anderson（2015）认为当前的绿色创新研究仍然处于初级阶段，在学界仍然有很多学者参与到绿色创新的相关基础理论研究中，特别是对于创新管理领域的实践和理论仍然存在脱节的问题。从中国的绿色创新实践发展来看，中国也承诺在2030年相关中国的温室气体排放达到峰值，随后逐年下降。这表明：我国对绿色创新目标已经有了深刻的认识，对在经济发展过程中的资源利用和环境保护有了深刻的理解。然而，由于长期单一地追求GDP发展理念和经济发展实践等的影响，"绿色"和"创新"仍然是我国当前发展亟待破解的难题。绿色创新相较于传统的技术创新而言，能够减少环境污染、优化资源利用、节约能源，是实现经济、社会和自然协调永续发展的支柱，也是提升企业竞争力，构建资源节约型、环境友好型企业的根本途径。进入21世纪，企业面临越来越多的社会和环境的挑战，不仅需要考虑市场份额、盈利能力或产品生命周期等核心业务，也要考虑与非客户群体、周边环境甚至绿色系统等那些以往没有直接关系的活动。这一阶段，绿色创新更多的是从环境绩效的角度考虑如何在企业创新过程中提升环境绩效，加快企业经济、环境的协调发展。企业竞争力甚至存亡更多取决于能否达到可持续发展的要求。当前环境下绿色创新已成为企业增长和获利的关键驱动力。绿色创新企业通过创造性的技术改变，比对手更拥有竞争优势，从而在特定产业内拥有主导地位，甚至减少每个企业的环境影响，推动产业整体的可持续性。同时，绿色创新也会带来经济效益的增长，例如环境成本下降，未来的环境责任减少，市场份额增加和新的市场机会，以及良好的环境形象（Tsai K. H.，2017）。大量案例研究表明绿色创新企业由于绿色效率提升及形象塑造，通常比其对手具有更强的竞争优势（Jacqueline C. K. Lam，2009）。从2015年起，绿色创新已经不单单是将环境要素作为绩效以衡量环境和企业创新。相反，绿色创新已经成为企业区别于其他企业的竞争性优势，强调"自然—社会—人类"三者的协调共存，而企业的绿色创新已经成为企业可持续发展的必要手段。然而，当前浙江企业的绿色创新现状并不乐观。浙江清洁生产审核实践表明，同样规模的企业，强制性清洁生产审核的成本要比自愿性审核成本高得多。一些重点企业清洁生产审核的目的仅仅是通过验收，未能有效开展持续性清洁生产。再以浙江绿色工业园区企业为例（董颖，2011），普遍存在绿色工业生产关键技术创新不足的问题：绿色工业链中的物质流动过程和产品生产过程的绿色化改造缺少技术支撑，制约了先进理念、管理和工具的有效发挥，一定程度上限制了物质的减量化、资源化和再利用。相比普通产品的生产，绿色产品生产过程中的资金、技术、人力资源的投入更大，因此市场风险也更大，特别是当市场对绿色产品价值的认定与普通产品相差不大时，绿色产品的巨大经济投入可能难以获得预期的经济回报。政府虽然加强了对外环境的监管，要求相关企业减少废弃物排放、加强生态环境保护，但由于缺乏长期监管和约束制度的保证，企业难以将政策长期执行到位。由于缺乏经济利益的吸引和制度保证的双重因素，园区企业只是暂时参与建立产业共生链，很难持续维护，更难以主动发现和建立新的产业共生链，绿色化功能难以发挥，整体竞争力偏弱。这表明：绿色和创新不是两者的简单组合，它需要体系的系统建构和机制的科学设计。如改变绿色技术创新的具体环节和过程，包括在研发过程中节约资源和能源，提升对环境友好型产品的研发生产，生产出的产品对自然环境和人体造成的危害较小。或者提升产品的绿色工艺，将产品的末端治理逐步过渡到以清洁生产为核心的技术，在生产和流通过程中降低能耗和物耗，减少废弃物和污染物的排放，降低工业活动对环境的损耗。然而，从浙江省企业的具体绿色化过程来看，浙江省的绿色创新实践尚为稚嫩，环境绩效不容乐观。主要基于两个事实：

其一，绿色创新尚未成为浙江工业企业的内在需求。目前浙江的工业企业主要是迫于政府环境政策的约束被动进行产业升级和转型，逐步降低环境污染和加快产品的绿色化进程。企业的创新也是围绕单纯的技术更新、升级展开，大部分企业还是片面追求企业短期的经济效益，仍然将"规模扩张"和"成本降低"作为企业发展战略，尚未将绿色理念作为企业创新的内部动力。一方面，利用规模经济的有效性，通过对企业规模的适度扩张以提升企业的劳动生产率和市场竞争力；另一方面，通过产品的成本优化，降低产品的生产成本从而与竞争产品形成差异化竞争以提升产品的市场竞争力。单纯的市场规模扩大使某些落后的产能尚未完全淘汰甚至出现产能过剩的情况，而单纯的成本降低战略使企业对环境负面效应产生的成本选择性忽视，对资源的利用度较低，特别是在追逐短期市场利润效应的过程中，当产品生产过程中产生的资源耗费成本高于回收成本时，企业失去对已耗费资源回收的动力。此外，从资源的循环利用来看，企业资源节约循环利用体系尚未完全构建，垃圾分类制度和资源化利用制度也没有有效地实施。从浙江经济层面，围绕企业创新相关的绿色环保政策体系尚未完全建立，企业缺乏创新过程中对环境进行保护的动力；而从外部监管来看，政府对企业污染物排放、资源利用的管理制度监管等方面也都存在着一定的不足，很多企业仍然存在着排污活动、资源浪费现象等。可见，企业尚未通过具体的创新活动，通过绿色创新实现企业可持续发展理念。

其二，浙江企业绿色创新基础条件薄弱，创新资源投入不足。一方面，企业关键绿色技术自给率较低，如清洁生产技术、污染物净化技术、"三废"循环处理技术等。这些创新技术的相关投入不足或者人才资源不足限制了创新活动的投入。另一方面，企业的绿色核心创新能力相对薄弱，单纯通过企业技术创新实现企业盈利已经成为许多企业的困难之处，而通过绿色创新实现经济和环境的双赢对大多数浙江工业企业都是现实难题。因此，企业如何根据自身需求选择有效的绿色创新模式以促进转型、政府应当如何选择环境政策类型以促进企业绿色创新实践等问题亟须理论界给予解答。

二、技术关键

（一）模型构建法

1. 双寡头静态博弈分析

本书首先通过双寡头静态博弈分析双寡头的市场竞争情况。构建两个企业同时进行绿色创新的竞争博弈模型，研究企业绿色创新对市场竞争、企业利润和社会福利等的影响。

2. 双寡头动态博弈模型分析

本书首先运用动态博弈模型研究绿色创新对企业长期利润、市场竞争等方面的优势。①序贯博弈：完全信息下的动态博弈，指的是博弈双方的参与者选择策略有时间先后的博弈形式，是一种较为典型的动态博弈。各博弈方行动有先后顺序还是序贯博弈的显著性特点。解决这一博弈的关键问题在于从动态博弈的最后一个阶段开始逆推，逐步倒退到前一个阶段相应的博弈方的行动选择，一直到第一个阶段的分析方法。②演化博弈论：传统博弈方法的假设在于参与方追求市场利益的最大化，并且持有纯理性思维参与博弈。当考虑有限理性的个体根据行为习惯、常规和经验调整相关的活动并获得最佳反应策略，则称为演化博弈论。这一理论不同于一般博弈论将重点放在静态均衡和比较静态均衡上，而是强调一种动态分析下的均衡。本书在分析企业进行绿色创新动态行为时就采用了演化博弈论，从而更有效地分析企业如何根据市场变化选择最优的策略，同其他企业进行竞争，从而加快绿色创新的相关技术活动。

其次，针对企业绿色创新的激励问题，构建企业绿色创新的激励模型，分析政府在推动企业绿色创新中的作用，考虑将奖励因素作为中介变量，研究政府如何通过设定有效的激励政策，促进企业进行绿色创新。

最后，构建企业绿色创新风险评估的直觉模糊评价体系，从内部环境体系和外部环境体系分别构建模糊指标，通过直觉模糊理论研究企业绿色创新，并根据浙江企业绿色创新的具体数据进行验证。

（二）案例分析法

本书选择浙江省内具有代表性的企业进行绿色创新的实践经验作为研究对象。首先进行案例研究设计，明确研究的具体问题，根据研究问题，运用访谈调研、历史数据、二手档案等方法系统地收集和整理有关研究问题的案例数据资料，选择其具体绿色创新活动展开深入研究，并使用可靠技术对案例进行分析，用以探讨该绿色创新活动对企业发展的影响。最终得出带有普遍性的管理学研究结论。本书的案例研究目的在于剖析绿色创新的技术路径和管理特征，通过分析企业不同阶段采取的绿色创新模式，分析企业绿色创新的内在机制。并结合各章的内容深入构建基本的理论框架，从而对已有的创新理论进行必要的拓展和补充。

（三）调查研究法

本书通过对研究对象进行客观调查来获取有效的数据信息。相关研究可以运用到研究对象的描述、解释和探索活动中。本书运用深度访谈、现场走访体验、问卷调查等手段获取企业经营的相关一手数据，通过向企业一线员工、管理者、社会公众等发放具体的调研问卷并客观了解企业创新相关的情况以及由于企业创新带来的生态影响等问题，为绿色创新的影响因素和机理研究提供有效的数据支持。

三、本书研究的科学意义

从社会实践来看，进入新时期，我国企业进行了深刻的市场变革，围绕节能减排、提高资源和能源效率等核心目标，正在积极实施清洁生产技术、绿色制造、绿色回收技术，这表明我国的污染防控技术已经进入了新的发展阶段。从理论前沿看，习近平总书记提出的"绿水青山就是金山银山"的发展理念已经成为中国生态经济和绿色发展的直接指导性意见，同时也是企业绿色创新的动力之源。对绿色创新的理解也从单纯的资源有效利用、防控污染发展到全供应链的系统绿色创新，从单纯地考虑企业经济效益到综合考量企业的社会效益、生态效益等。本书关于绿色技术创新既有理论研究也有具体的实践基础，相关研究既有理论意义也具有现实意义。

（1）本书借鉴国内外绿色创新的研究成果和多学科理论视角，在对典型企业的绿色创新案例深度调研的基础上，针对绿色创新的驱动力问题、绿色绩效和经济绩效的平衡问题、绿色创新行为过程、不同要素推动创新的机理四个科学问题展开研究，通过数学仿真和大样本问卷调研相结合的方法，提出相应的企业绿色创新驱动力模型和绩效平衡模型，丰富了绿色创新的基础理论，为企业转型升级提供理论指导，具有较强的理论意义。

（2）本书以习近平总书记提出的"绿水青山就是金山银山"论断为理论基础，结合习近平总书记的生态发展理论，强调企业既要在技术层面进行绿色技术创新，也要在组织和管理层面采取绿色的生态模式创新。根据企业的绿色发展目标优化自身生产要素组合配置，优化组织结构，打破原有产业格局的局限性，在追求经济绩效的同时，提高绿色绩效。为企业不断推动绿色创新奠定相应的科学理论依据，同时为政府进行环境规制的政策制定提供必要的理论支持，将绿色技术创新和产业经济发展综合考虑，实践上采取产业集群绿色创新，减少了产业间的交易成本，有利于提高生态效率、经济效率和社会效率，最终达到人和自然生态系统及社会的均衡统一，具有一定的实践意义。

第二节　研究综述

　　中国的制造企业在为中国经济和社会发展做出卓越贡献的同时，由于大规模地掠夺式扩张，也付出了过高的资源和环境代价。对生态环境的严重破坏成为企业发展和中国经济发展的制约因素。为此，中共十八大将生态文明建设提升到国家战略高度，围绕生态经济发展，绿色创新产品的生产等在近年来备受关注。2015 年 7 月，习近平总书记召开中央全面深化改革领导小组第十四次会议，会议通过了《生态环境监测网络建设方案》《环境保护检查方案（试行）》等多项关于绿色文明建设政策，并指出当前中国经济发展的重要目标是"必须加快推进生态文明建设"。可见，围绕生态文明建设并实施绿色环境管理实践成为企业管理实践中必不可少的活动。

　　根据美国千年研究所构建的 T21 模型预测中国经济未来的发展趋势，按当前资源消耗速度，全世界的资源也只够中国消耗 74 年。根据联合国政府间气候变化专门委员会（IPCC）对全球气候的第四次评估显示：地球的温室效应在过去十年进一步加剧，其核心原因在于工业化进程速度大幅度提升。根据国际能源署（IEA）2020 年公开数据显示：全球与能源相关的二氧化碳排放在 2019 年停止增长，排放量为 330 亿吨。受益于绿色技术，美国的二氧化碳排放量降幅最大，排放量为 1.4 亿吨，降幅达 2.9%。欧盟也达到 1.6 亿吨，降幅达 5%。风力发电总量几乎已经赶上了燃煤发电量。2019 年中国的二氧化碳排放量已经达到 110 亿吨。在发达国家中，工业化进程始终伴随着能源和其他资源的消耗强度变化。随着经济的增长，在工业化初期和中期，由于工业化发展速度较慢，企业对资源的消费整体呈较慢的上升趋势。随着工业化速度的提高，特别是进入后工业化时期，由于人们对各类物质资源的获取几乎呈几何级数递增，客观上刺激了经济增长的方式，并使得对能源和资源的耗费也呈现几何级数上升。中国在改革开放40 多年经济高速发展过程之中，社会对能源耗费一直呈现递增趋势。特别是2010～2017 年，"平均每天能源耗费量"指标几乎保持每年近 2% 的增长率（见表 1－2），从 2010 年的 988.1 万吨标准煤提高到 2017 年的 1228.8 万吨标准煤，能源消耗增长相对比较稳定。"平均每天天然气消费量"指标从3亿立方米扩大到6.6亿立方米，相比2010年天然气消费量增长达到1倍多。这表明：中国的清洁能源消费量提升速度较快。未来天然气、太阳能、水力发电等清洁能源可能成为中国的主要能源。

表1-2 2010～2017年中国能源消费量发展情况

指标	2017年	2016年	2015年	2014年	2013年	2012年	2011年	2010年
平均每天能源消费量（万吨标准煤）	1228.8	1190.8	1177.8	1166.6	1142.2	1098.7	1060.4	988.1
平均每天煤炭消费量（万吨）	1056.8	1050.7	1087.7	1127.7	1162.8	1124.9	1065.6	956.2
平均每天焦炭消费量（万吨）	119.8	124.2	120.7	128.4	125.6	122.4	115.2	106
平均每天原油消费量（万吨）	161.4	153.1	148.2	141.2	133.3	127.5	120.5	117.5
平均每天燃料油消费量（万吨）	13.4	12.7	12.8	12.1	10.8	10.1	10	10.3
平均每天汽油消费量（万吨）	34	32.4	31.1	26.8	25.7	22.3	20.8	19.1
平均每天煤油消费量（万吨）	9.1	8.1	7.3	6.4	5.9	5.3	5	4.8
平均每天柴油消费量（万吨）	46.6	46	47.6	47	47	46.4	42.8	40.3
平均每天天然气消费量（亿立方米）	6.6	5.7	5.3	5.1	4.7	4.1	3.7	3
平均每天电力消费量（亿千瓦小时）	177.6	167.5	159	154.5	148.5	136	128.8	114.9

资料来源：参见国家统计局网站，https：//data. stats. gov. cn。

可见，传统的高耗能、高污染模式增长不适于中国经济的可持续发展。浙江作为中国民营经济代表的大省，同样面临需要经济转型——改变传统粗放型的经济增长模式，实现"经济—资源—环境"的可持续发展。不同于一般的创新，企业绿色创新（green innovation）能够带来环境和经济双赢的创新，既具有因创新而导致的正的环境外部性，也具有环境公共产品属性带来的负的外部性，其已经成为一个新兴但快速增长的研究领域（Schiederig et al.，2012）。绿色创新最早的研究归于研发环境友好型技术，与环境状况密切相关。其早期定义为"减少环境污染以及原材料和能源所运用的有效技术或工艺的统称"（Brawn and Wield，1994）如何通过绿色创新推动企业可持续发展成为研究热点。张庆普（2001）认为绿色技术是一种现代环境型技术系统，能够有效降低企业的边际生产费用。刘薇（2012）总结了三种类型的企业绿色创新：其一，绿色技术创新；其二，绿色制度创新；其三，绿色文化创新。他认为三种创新中，绿色技术创新是核心，决定了绿色创新的基本属性。制度为绿色创新提供了外部环境支持而文化则为绿色创新提供了相应的引导。李旭（2014）则认为绿色创新包括资源节约型、环境友好型以及混合型绿色创新。资源节约型绿色创新主要强调提高效率而节约资源；环境友好型绿色创新强调减少外部环境成本；混合型绿色创新则是在减少外部环境成本的前提下提升企业竞争优势。绿色创新则从经济和环境两方面目标实现了企业的利润和社会责任（见图1-4）。企业通过绿色技术和绿色产品的创新产出转化为具有经济效益的生产力，对经济和社会的可持续发展具有重要的社会现实意义。

图1-4 绿色创新的分类

从绿色产品需求来看，随着人类环境保护意识的增强，绿色产品的消费需求也随之增加。当前，经济发达国家的消费者对绿色环保产品的需求较大。中国作为世界最大的市场，对绿色环保产品的需求也呈几何级数递增。这就需要企业重新审视当前的研发政策变化。根据《2020浙江统计年鉴》数据显示（见表1-3）：浙江规模以上工业企业数从2014年的40841家增长到2019年的45695家，轻工业企业数量由20019家增长到22434家，重工业企业数量由20822家增长到23261家，轻、重工业企业数目增长速度基本持平，重工业企业数量和轻工业企业数量基本占比各50%左右。这些统计数据表明：浙江的轻、重工业整体发展相对比较均衡，产业结构布局较为合理。

表1-3　浙江规模以上工业企业数（2014～2019年）　　　　单位：家

指标	2014年	2015年	2016年	2017年	2018年	2019年
工业企业单位数	40841	41167	40128	39933	41541	45695
按轻、重工业分						
轻工业	20019	20244	19736	20407	20697	22434
重工业	20822	20923	20392	19526	20844	23261
按登记注册类型分						
国有企业	107	105	91	74	43	33
集体企业	69	55	43	32	29	24
股份合作企业	335	354	326	283	289	319
外商及港澳台商投资企业	6237	5803	5322	4851	4484	4433
私营企业	27557	28050	27502	27995	30113	36792
其他企业	6535	6800	6844	6698	6583	4094
在总计中：国有及国有控股	723	750	763	806	815	832
按规模分						
大型企业	598	593	596	569	570	576
中型企业	4421	4199	4149	4171	3905	3752
小型企业	34020	34449	33571	33432	34541	38438
微型企业	1802	1926	1812	1761	2525	2929

注：规模以上工业企业是指主营业务收入为2000万元及以上工业企业，后面各表同。

资料来源：《2020浙江统计年鉴》。

2014年到2020年私营企业的增加数量较多，而国有大中型企业的数量出现一定的下降。特别是2018年和2019年连续两年小型企业的数量增长率都接近20%。这表明：中小企业已经成为浙江市场经营的主体。有效提升浙江中小企业的市场竞争力和经营状况已经成为浙江经济发展的重心。

一、绿色创新的内涵和特征研究

企业绿色创新的核心是通过创新活动实现节能、减排、增效，在产品生产过程中不断改善外部环境质量并实现经济效益的企业经营过程。"绿色"意味着可持续发展，即保证通过转变生产或生活方式满足未来人类的生存的活动。故绿色创新的内涵可以解读为企业可持续发展下的一种创新活动，其本质是一种对环境有正向促进作用的创新过程。企业的绿色创新往往涉及到新产品的开发、产品服务，包含了节能、废物回收、绿色产品设计以及企业环境管理等内容。可持续发展理念并不意味着限制，相反是通过人类有效活动的作用包含了当前的技术和社会组织环境资源的变革，最终实现组织的利益。有时绿色创新也被称为生态创新（echo‐innovation），即在向用户和商业组织提供生产新产品或新工艺的过程中降低环境的影响或负面效应。欧洲创新联合会将绿色创新定义为一种崭新的创造性的竞争性产品、系统、过程服务和流程，从而满足人类物质或精神需求，利用最少的可循环的自然资源和最少的污染物排放等给人类带来高品质的生活。

1. 绿色创新的目标具有"二元性"

企业绿色创新是一种企业的环境责任行为。从社会角度来看，这属于典型的亲社会环境创新。首先，明确强调企业提供的产品在整个产品生命周期尽可能使用最少的自然资源和能源损耗，并且释放最少的有毒物质。即具有更低的环境负外部性，使得企业必须和产业上下游企业合作。其次，绿色创新是一种战略性企业环境责任，将环境责任和企业核心业务（创新）相整合，既能显著降低企业产品生产过程中对环境的负面影响，又能通过具体创新活动创造新的企业产品，并实现企业的商业价值（Siegel，2009）。绿色创新追求企业经济发展和环境保护的双赢，同时兼顾企业经济目标和环保目标，绿色创新强调社会责任和企业的核心业务整合为企业带来经济回报。因此，与传统创新相比，绿色创新不是单纯以经济绩效来衡量企业的创新绩效，而是将环境绩效纳入到创新价值的评估体系中。即绿色创新的结果具有"双重正外部性"——知识溢出和高绿色效能。双重外部性对技术推动和市场拉动效应的特殊性又进一步导致了绿色创新的第三个特征，即环境管制的推/拉效应与重要性的增加。

2. 创新管理视角下的绿色创新内容具有动态性和多样性

绿色创新相比普通的技术创新是一种崭新的创新类型，其内涵更为丰富，是一个高度情境化的概念。特别是绿色创新概念本身和对"绿色生态"概念的理念相关，对绿色理念理解得越深入，企业绿色创新机制和创新模式研究得也就越透彻。其内容范围十分广泛，相应的内容常随着时间和空间的变化而发生动态变化。从系统管理视角，绿色创新不仅包括产品、工艺等技术创新，还包括服务、管理、制度等非技术创新，最终构成一个完整的创新体系（见图 1-5）。可见，绿色创新的内容范畴较广，各个内容之间相互联系、相互影响。绿色创新是在考虑环境政策框架和环境管理要素基础上的创新过程。

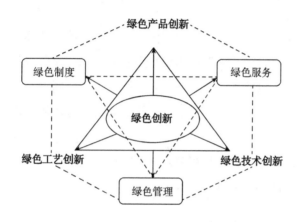

图 1-5 绿色创新的范畴

从 20 世纪 90 年代开始，部分学者将绿色创新从传统创新研究领域细分出来研究，主要关注如何管理绿色高效能的创新。总体而言，创新管理理论视角下的绿色创新研究分为三个支流（见图 1-6）：第一个研究支流关注绿色创新的概念框架，以分析引入环境维度而发生改变的业务流程。该支流大多关注如何改变运营、销售、物流等核心业务以提高企业的绿色效能（Steger U.，1996）。强调规制对绿色技术创新的促进作用。第二个研究支流关注绿色产品设计的工具和方法，如产品环境影响的生命周期评估（LCA）、绿色标签等。这些工具和方法特别适合迫切需要采取措施以降低环境影响的企业，但其往往不考虑绿色创新给企业带来的经济回报。第三个研究支流致力于识别绿色解决方案或设计准则，旨在为产品计划和工程人员定义最具绿色效能产品标准和类型提供指南。在环境管理理论视角下，绿色创新是一种环保战略，关注企业如何通过产品、工艺和管理等方面的创新将环境问题整合到公司战略中以获取竞争优势。

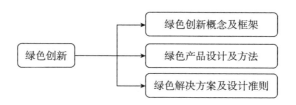

图1-6 绿色创新研究的支流

由于绿色创新与企业目标、社会责任、环境保护等密切相关，故绿色创新是一个高度情境化的概念，其内容随着时间和空间的变化而变化，不仅包括产品、工艺等技术创新，还包括服务、管理、制度等非技术创新（Yang Y. and Shao Y. F.，2011）。"绿色"是相对企业所嵌入制度情境中的其他替代方法具有更低的环境影响，随着"绿色化"的内涵发生变化，绿色创新的内容也发生变化；由于绿色创新涉及多元化的知识且需要对产品整个生命周期进行环境影响评估，因此其过程具有复杂性和系统性。

二、影响企业创新的内外部因素

企业创新活动往往与某些特殊的驱动因素有关，包括企业的知识体系、技术层次以及对市场的需求等。这些驱动因素可以分为外部因素和内部因素。其中，外部因素主要与企业面临的外部环境有关，主要涉及到环境规制的情况，包括来自供应商的产品供应因素，竞争对手的市场竞争因素，消费者的消费更新因素以及市场需求对产品更新换代的因素。内部因素往往与企业自身有关，包括企业的组织能力、环境创新战略规划、企业经营绩效甚至是管理者的市场意识（见图1-7）。

图1-7 企业创新驱动因素

1. 环境规制视角的研究

环境规制研究关注政府正式的行政法令和经济措施对企业绿色创新的影响，即把规制类型分为强制性规制（如排放标准、市场准入、产品标准等）和市场性规制（如排污税、排放权许可等），研究具体的规制措施和企业绿色创新行为之间的关系。一般而言，企业的污染物排放具有负的溢出效应，即由社会分担企业排污成本，而绿色创新则具有正的溢出效应，即通过创新活动减少污物排放成本。Horbach 等（2008）认为政府规制成为企业绿色创新的重要外部驱动力。Porter 和 Van der Linde（1995）提出著名的波特假说，认为设定结构合理的环境规制能够有效激发企业的创新行为，最终实现经济和绿色的双赢。Berrone 等（2009）则通过实证研究数据证实，不同的规制措施对于企业的绿色创新具有不同的作用。ISO14001 环境管理体系、清洁生产认证等政策工具对于企业末端治理的改善具有较强的辅助作用，这和 Frondel 等（2009）的研究结果一致。Horbach 等（2011）的研究发现政府补贴与企业的绿色工艺和产品创新有着正相关作用。相反，对替代有毒物和产品回收等存在负相关作用。可见，现有的研究并不能说明环境规制措施和企业绿色创新行为之间的逻辑关系，而仅仅是统计意义上的相关关系。

2. 利益相关者压力视角研究绿色创新

利益相关者主要指影响公司目标实现且受到企业目标实现影响的群体，主要包括消费者、供应商、公司所在社区、竞争对手以及媒体等。利益相关者对公司绿色创新影响研究主要考察利益相关者群体对企业绿色创新的影响。Demirel 和 Kesidou（2011）的实证研究认为外部环境因素激励公司进行污染末端治理和环境研发。Kesidou 和 Demirel（2012）则认为消费者需求和公司绿色创新行为显著正相关。Zeng 等（2011）分析中国北方市场中中小企业绿色创新行为，认为市场竞争影响企业进行绿色创新。Wu 和 Xiao（2014）研究发现，环境规制措施、消费者需求和竞争对手因素都会影响到企业绿色创新。Wagner（2008）从公司与外部利益相关者合作角度进行研究，发现不同环境保护意识的组织产生不同的影响。

3. 公司内部因素视角研究绿色创新的驱动要素

公司内部因素主要包括组织结构和程序、公司所拥有的资源和组织特征等因素。影响公司绿色创新的组织结构和程序因素主要包括环境管理系统、组织文化等，正式的环境管理体系包括 ISO14001、欧盟环境管理和审计计划。Horbach 等（2011）发现环境管理系统对绿色产品和工艺创新有显著正向影响。但 Demirel 和 Kesidou（2011）则认为环境管理系统和公司绿色创新没有直接关系，Kesidou 和 Demirel（2012）研究发现环境管理系统增加公司绿色创新投资。公司资源因素研究认为企业绿色创新需要投入大量的资源，比如设备的升级改造通常都会提升能源利用效率并降低成本，De Marchi 和 Horbach（2012）的研究证实企业往往通过固定资产的更新改造以驱动企业绿色创新。国内研究中，游达明等（2014）发现给企业一定的研发补贴有利于提高企业绿色技术创新的积极性，且最优补贴能够实现经济绩效和绿色绩效的双赢。蔡乌赶和周小亮（2013）的研究发现绿色创新外部因素通过内部因素驱动企业绿色创新，内外部驱动因素对绿色创新产生正向作用。已有理论多是基于大规模数据分析的结果，并不能解释绿色创新驱动因素作用于企业绿色创新的逻辑关系。

三、企业绿色创新维度划分与测量

1. 依据传统创新维度划分方式

根据绿色创新的形式可以分为产品创新、工艺创新和管理创新，或者产品创新、工艺创新、组织创新、市场创新、商业模式创新，或者绿色技术创新与绿色管理创新，又或者绿色技术创新或非绿色技术创新；根据绿色创新的强度分为突破式绿色创新和渐进式绿色创新（孟科学，2017）。根据绿色创新的独特性进行细分，如根据绿色创新与企业核心业务的整合程度及绿色效能提升潜力，Demirel 和 Kesidou（2011）将绿色创新分为末端污染控制技术、整合清洁生产技术、环境技术研发等。

2. 企业绿色创新的测量

维度划分的不确定使得企业绿色创新的测量成为研究难点。总体而言，现有研究一般从投入或产出视角测量绿色创新的方式。从投入视角来测量绿色创新，使用的具体指标有研发投入（包括人员、设备、资金等）或环保投入。以投入指标测量绿色创新的优点在于企业投入的资金、人力资源等数据容易获取，而缺点在于反映的是正式的技术研发行为，而不能反映非正式的非技术绿色创新行为（陈玉娇，2017）。从企业产出的视角来测量绿色创新，包括绿色创新的直接产出、间接产出和对企业的具体影响。直接产出指标包括绿色创新的数量、绿色产品等；间接产出指标包括企业有授权的环保专利或公开的科技成果；对企业的具体影响主要包括影响企业的市场利润、市场占有率、销售额等。

3. 绿色创新水平的度量

目前，绿色创新研究领域所关注的绿色创新测量比原有的环境度量涉及内容更为广泛。2006年欧洲环境协会总结了"绿色创新指标"，并认为绿色创新的度量要从创新客体和创新主体两方面分别进行。创新客体的度量又要从"创意形成—发明创造—技术开发—生产—营销"五个阶段着手进行，创新主体的度量则要从组织发展、企业家精神、财务部门、研究机构、监管与制度等方面进行度量。创新绩效评估最为常见的视角是基于企业竞争力视角进行综合评价，常见指标包括：①基于贸易表现的指标；②基于成本或劳动生产率的指标；③基于创新投入要素的单一指标；④基于指标体系集成的综合指标。竞争绩效也可以从企业内部改善来加以评估，并将这些指标表征企业未来的发展前景。Rene Kemp（2010）研究表明，绿色创新度量应从三个方面着手，即绿色创新的本质及应用范围、绿色创新的驱动力和主要障碍、绿色创新活动的效果。

绿色创新的指标主要从绿色、生态、环境和可持续等维度来描述这一创新类型。其中，Church和Hexo（2008）提出的"可持续发展"首次出现在20世纪80年代，即为"保存和发展的整合以保证寻找自然、经济、社会的协调统一发展，这种发展既能满足当代人的需求，又不损害后代人的长远利益"。根据该定义内容，本书总结了绿色创新多个方面的定义、内容和作用（见表1-4）。

表1-4 多维度下创新的定义、内容和作用

创新定义	包含内容	内涵或作用
创新对象	产品、过程、服务、方法	创新范畴更广
市场导向	满足用户需要或满足市场竞争需要	确定了企业发展的起始点

创新定义	包含内容	内涵或作用
环境方面	降低技术创新负面影响	确定了企业的双目标性
创新阶段	考虑生命周期变化对资源的影响	降低了资源的耗费度
刺激	环境或经济方面的降低	确定了生产动机性
水平	创新或绿色标准	设定新的创新标准

创新对象：创新的对象可以包括产品、过程、服务、方法四类。这表明创新的范畴更加宽广。绿色创新同样包括绿色产品、绿色过程、绿色服务或绿色方法等类型。

市场导向：满足用户需要或者满足市场竞争需要。这表明，企业的可持续发展是以市场需求为企业发展的出发点。这确立了企业发展的起始点。绿色创新的市场导向同样需要满足用户对绿色产品的市场需求。

环境方面：降低技术创新对环境产生的负面影响。这表明，企业的可持续发展不仅仅考虑市场利润这一要素，同时不能忽略环境的负面影响。这确立了企业发展的双目标性，既要考虑利润目标也要考虑环境目标。

创新阶段：考虑产品生产过程中的完全生命周期。Miedzinski（2008）将产品生产的全过程定义为完全生命周期，并运用生命周期分析（LCA）评价某一产品从"摇篮到坟墓"的全过程环境影响，并分析创新阶段的内源性和外源性因子。绿色创新的阶段同样需要考虑不同的阶段企业对绿色产品生产的资源耗费情况。

刺激：考虑产品生产过程中对环境或经济方面的降低。这一定义强调生产流程或生产过程对环境或经济的动机，如降低新产品发展中的物质利用度。这确定了生产动机性。绿色创新需要强调绿色产品对环境负面效应的降低。

水平：设定新的创新或者绿色标准。这一方面往往与创新和环境友好型的定义相关。这一条件表明创新具有绝对价值如任何创新对于世界、产业或者企业而言都是崭新的，当然也可以理解为对企业设定了一个新的创新或绿色的标准。

前两个方面表明创新的目标可能是产品、过程、服务或者方法（如商业模型），并且绿色创新能够满足用户的需求或者解决某一问题，从而在市场中有一定的竞争性。绿色创新的所有研究都表明创新对外部环境的负面影响降低或负面的更低的外部性。有的创新内容是对环境不产生任何的负面影响。后面两种定义则产生了科学的讨论从而澄清绿色和非绿色的创新，并且决定它们的绿色度。由于各种各样的创新类型，这些模糊方面被加入到绿色创新者的定义中。

四、创新经济学研究

熊彼特在 1912 年首次提出了"创新"的概念，即构建一种新的生产函数，将全新的生产要素和生产条件作为一种新组合引入生产体系中。在这一模型中，创新和技术进步成为了经济系统的内生变量。随后，Freeman（1984）从经济学角度对创新进行定义，认为技术创新就是新的创新产品、工艺和服务，并提出通过创新营销转化为流通的商品和服务。根据绿色创新领域的相关研究可知：企业绿色创新因素包含"制度环境、组织支持和资源能力"。从经济学角度，创新存在着典型的外部性，这一外部性既包含正的外部性，同时也包含负的外部性。正外部性意为企业通过技术创新活动，提高了劳动生产效率，提升了技术水平并通过引入市场制造出创新的产品从而为企业带来巨大的经济利益。此外，由于创新活动本身存在着一定的外溢性，一个企业的创新活动所产生的知识可以通过员工流动、技术采纳等多种方式推动其他模仿者加强技术创新活动和管理活动，并通过模仿生产出新的产品。这对整个行业和社会都有重要的影响，很大程度上促进了行业整体水平的提高，提升了社会生产率和产品质量等。另外，绿色创新存在着典型的负外部性。其一，绿色创新本身具有极大的风险性和不确定性，资金风险、技术风险、市场风险、外部政策和环境的不确定性等都可能影响绿色创新活动，最终导致绿色创新活动可能并未获得有效的回报。其二，绿色创新相比普通的技术创新需要更多地考虑产品的绿色效应、技术创新过程中的资源耗费和能源利用的有效性，这也从一个侧面需要企业进一步加大资金投入，其研发成本要大幅度提高。

五、研究评述和发展趋势

首先，在研究方法上，绿色创新机理的研究主要包括定性和定量两种方法（顾桂芳，2017）。前者主要基于企业相关人员的访谈或统计数据源的实证研究。定量研究主要通过微观计量经济学方法，对绿色创新诸多变量通过建立计量模型进行更为严格和客观地解析。其次，现有绿色创新缺乏对绿色创新特性的解构，缺乏对绿色创新运作与实施机理的深入分析，尤其缺乏绿色创新过程的纵向研究以及与一般创新的对比研究。最后，绿色创新的动态研究较为缺乏，难以分析绿色创新的演化过程及其动力机制。现有研究没有深入到绿色创新的整个过程，没有考虑绿色创新不同阶段各创新要素的作用，对绿色创新影响企业绿色创新绩效的内在机理缺乏研究。绿色创新是关于创新理论研究的新兴研究领域，未来研究一方面侧重于围绕企业的绿色行为和绿色活动开展相关的创新管理和环境技术的研究（魏江等，2015）；另一方面侧重于从宏观、微观、中观等不同层面上分析不同社会经济环境下（如单寡头市场、多寡头垄断、完全竞争环境等）绿色创新发展的不同路径。

第三节　研究方法和理论框架

考虑到企业在绿色创新中可能面临企业内部组织的各种要素影响、外部市场环境影响、政府规制影响等，企业在提高经济绩效的同时应尽可能降低对环境的负面影响，提升产品的绿色程度成为企业需要解决的核心问题。特别是企业在绿色创新过程中可能面对来自生产商、零售商等的不同策略选择，企业如何做好协同创新活动以提高整个供应链的绿色化程度成为企业需要思考的核心问题。为此，企业需要进行转型升级和绿色创新。

一、研究方法

本书主要采用了文献研究法、比较分析法、博弈论及直觉模糊综合评价和粒子群算法。

1. 文献研究法

本书针对已有的企业绿色创新相关理论进行了系统梳理，包括绿色创新的基本概念、范畴、模式、发展历程、发展现状、未来方向等。并根据文献研究结果，提出企业转型战略和绿色创新系统联动机制等。形成了相应的研究框架，提出了相关的理论假设和概念模型。

2. 比较分析法

本书针对企业绿色创新系统、绿色创新模式等研究层面，对比分析了国内外企业绿色创新的方式、理论模型、创新系统和战略发展等，通过比较，深入了解国内企业在转型升级、企业发展面临的市场困境和现实困难。并通过引入溢出效应等概念，有针对性地对国内绿色创新问题进行深入的阐释。

3. 博弈论

博弈论研究决策主体的行为变化所引起的相互作用决策均衡问题。根据参与人的行动顺序，博弈一般分为静态博弈和动态博弈；根据参与人对其他人的特征、战略空间以及支付函数信息等可以分为完全信息博弈和不完全信息博弈。针对每一种博弈都存在相应的市场均衡。针对企业战略转型和绿色创新的过程，特别是绿色创新绩效中，将产品绿色度作为决策变量，研究产品绿色度对企业利润的影响。考虑政府、高校、企业三方博弈，假设企业投入产出函数是柯布—道格拉斯函数，构建政府—高校—企业三方协同创新模型。根据博弈将整体协同创新收益 v（N）在参与值进行分配。对于三方合作博弈事先签订契约，构建每个参与者的 Shapley 值，并根据参与者对风险的感知差异去校正 Shapley 值。在此基础上，考虑博弈时间，构建三方演化博弈的均衡点。

4. 直觉模糊综合评价和粒子群算法

本书采用直觉模糊综合评价方法对浙江高校—企业联动创新的各平衡要素情况进行系统评价，采用粒子群算法对结构、功能和效益平衡为目标的企业多资源配置模型进行求解。

二、研究框架

本书的研究框架如图 1 - 8 所示。

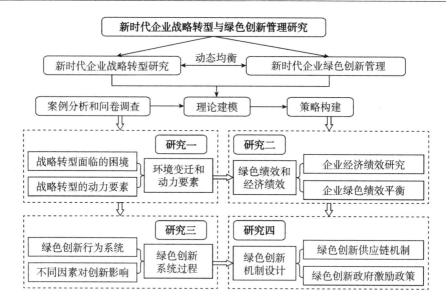

图1-8 研究基本框架

第二章　企业战略转型和绿色创新面临的困境

2013 年，习近平总书记提出共同建设"一带一路"的伟大倡议，这对拉动我国经济持续稳定增长，推动丝绸之路沿线国家的区域经济合作起到重要作用。根据《2018 中国生态环境状况公报》显示，2018 年中国全年消耗标准煤约合46.4 亿吨，相比 2017 年上涨 3.3%。我国经济的高速增长伴随着自然资源耗费增加、环境污染现象加重、国内产能过剩现象的进一步加剧。传统的资源掠夺式增长方式越来越受到限制。随着经济增长方式从要素驱动转向创新驱动，从企业发展规模到发展质量的变化，客观上要求企业改变以往的资源消耗型增长方式转变为以绿色创新驱动为基础的方式增长。这就要求企业将资源耗费效率、社会福利、绿色可持续发展的因素作为考量指标加入企业经济增长的目标中。2016 年 6月 30 日，国家工业和信息化部发布《工业绿色发展规划（2016－2020 年）》，提出"加快推进工业绿色发展，是推进供给侧结构性改革、促进工业稳增长调结构的重要举措，有利于推进节能降耗、实现降本增效，有利于增加绿色产品和服务有效供给、补齐绿色发展短板"。党的十九大进一步提出"构建市场导向的绿色技术创新体系"，并且中央全面深化改革委员会第六次会议审议通过了《关于构建市场导向的绿色技术创新体系指导意见》（发改环资〔2019〕689 号）并在2019 年 4 月由国家发改委、科技部联合印发。

从绿色创新发展战略来看，国家已经从顶层自上而下设计了一系列引导性、激励性措施以激发各类绿色技术创新主体的市场活力，通过构建完善的创新体系吸引各类社会资本进入绿色领域，从而改变固有的产业结构，逐步推动节能环保、清洁生产、清洁能源等各类绿色产业发展壮大，促进社会经济的高质量发展。相关绿色创新体系的构建目标将资源耗费、能源节约、环境保护等作为企业经济发展的重要方向，推动企业加大技术创新投资，通过多元化的资金投入降低固有的成本以推动企业技术创新，提升资源环境绩效，降低能耗和碳排放。从宏观经济视角，绿色发展是中国未来经济和社会发展的主要方向，而围绕绿色生产相关的绿色经济已经成为未来中国经济发展的主要趋势。可见，绿色发展已经成为中国企业发展创新的机遇，同时由于外部环境和社会的要求，也成为企业发展的新的挑战。为此，中国企业需要紧紧抓住绿色经济的战略机遇，以绿色经济发展方向作为企业创新发展的市场方向，积极应对绿色创新面临的各种内外部困境。以绿色技术尤其是关键性绿色生产技术的创新作为绿色创新的突破口，通过节能减排、不断提升资源的有效利用率，以促进产品生产的绿色生态发展方向作为企业绿色创新的总体前进方向，构建适应中国实践的中国特色绿色创新模式。

根据 2019 年浙江省统计年鉴数据显示（见表 2－1），全省能源消费量从 1990 年的 2732.86 万吨标准煤增长到 2019 年的 22392.77 万吨标准煤，能源消费的年平均增长率为 7.66%。最近五年能源消费的年均增长率为 3.53%，而最近五年的 GDP 年均增长率为 7.46%。这表明：近年来浙江省能源消费和电力消费较为平稳，能源推进 GDP 增长的效率更高，能源和资源的有效利用度更高。根据浙江省企业联合会、浙江省工业经济联合会公布的《2018 浙江省制造业百强企业》数据显示：浙江制造业百强企业营收共计 36456.08 亿元，包括排名第一的浙江吉利控股集团有限公司营收 2782.65 亿元，第二名的海亮集团有限公司营收 1625.96 亿元。前十名的企业营收超千亿元，共计 13619.81 亿元，占比 37.4%。制造业是浙江经济发展的重要支柱产业，也是浙江省经济赖以生存的产业基础。浙江工业企业的发展已经成为浙江经济增长的主要推动力。同时，由于当前我国的改革正处于攻坚之中，企业面临转型升级的难题，特别是数字经济和传统工业经济的融合发展进一步推动了企业的市场变革。

然而，企业在绿色创新过程中面临着许多困境，包括技术创新的发展方向问题、环境规制问题、资源优化配置问题等，由于传统的技术创新强调的是将新技术和新产品引入市场，对企业利润要求很高。绿色技术创新最大的特点在于既要将绿色技术与市场相结合，也要将绿色发展和社会发展相结合，通过乘数效应带动其他产业和部门的快速发展。从企业的目标实现来看，绿色创新属于典型的企业多目标任务模式，除了考虑企业的利润目标还需要考虑环境要素目标，这对企业的管理现状、绿色技术的长期性和多维性提出了新的要求。绿色技术中涉及企业的核心清洁工艺、清洁生产技术则成为企业发展的重要基础，对企业技术创新有新的要求。从对外部环境的监管来看，企业绿色创新需要进行有效的市场监管，这就需要加快构建统一、公平、透明和规范的市场环境，逐步健全绿色技术产品和服务的交易体系。从宏观层面培育绿色消费市场，倒逼企业构建完全的绿色消费长效机制，将绿色创新能力的提升作为企业的核心能力，逐步推动绿色产品和绿色服务的供给，不断完善排污权、碳排放权、用能权、水权交易制度等，通过制度化和市场化手段规范市场交易行为。可以看出，绿色技术创新是对知识、技术或者产品进行系统创新的过程，通过创新将这些生产要素转化为具有经济效益的生产力。

表 2 - 1 能源消费弹性系数（1990～2019 年）

年份	全省能源消费量（万吨标准煤）	全省电力消费量（亿千瓦时）	能源消费比上年增长（%）	电力消费比上年增长（%）	生产总值比上年增长（%）	能源消费弹性系数	电力消费弹性系数
1990	2732.86	230.29	—	—	3.93	—	—
1991	3123.17	263.07	14.28	14.23	17.83	0.80	0.80
1992	3484.22	303.28	11.56	15.28	19.02	0.61	0.80
1993	4044.22	346.75	16.07	14.33	22.02	0.73	0.65
1994	4496.67	396.74	11.19	14.42	19.97	0.56	0.72
1995	4851.26	439.59	7.89	10.80	16.78	0.47	0.64
1996	5165.43	479.34	6.48	9.04	12.69	0.51	0.71
1997	5446.74	511.45	5.45	6.70	11.10	0.49	0.60
1998	5656.96	547.78	3.86	7.10	10.17	0.38	0.70
1999	5960.14	611.67	5.36	11.66	10.03	0.53	1.16
2000	6560.37	742.89	10.07	21.45	11.04	0.91	1.94
2001	7253.11	855.29	10.56	15.13	10.65	0.99	1.42
2002	8279.64	1015.84	14.15	18.77	12.64	1.12	1.49
2003	9522.56	1240.35	15.01	22.10	14.70	1.02	1.50
2004	10824.69	1419.53	13.67	14.45	14.48	0.94	1.00
2005	12031.67	1642.32	11.15	15.69	12.76	0.87	1.23

续表

年份	全省能源消费量（万吨标准煤）	全省电力消费量（亿千瓦时）	能源消费比上年增长（%）	电力消费比上年增长（%）	生产总值比上年增长（%）	能源消费弹性系数	电力消费弹性系数
2006	13218.85	1909.23	9.87	16.25	13.88	0.71	1.17
2007	14524.13	2189.37	9.87	14.67	14.67	0.67	1.00
2008	15106.88	2322.87	4.01	6.10	10.05	0.40	0.61
2009	15566.89	2471.44	3.05	6.40	8.94	0.34	0.72
2010	16865.29	2820.93	8.34	14.14	11.94	0.70	1.18
2011	17827.27	3116.91	5.70	10.49	9.00	0.63	1.16
2012	18076.18	3210.55	1.40	3.00	8.00	0.18	0.38
2013	18640.00	3453.05	4.11	7.55	8.20	0.50	0.92
2014	18826.00	3506.39	1.00	1.54	7.60	0.13	0.20
2015	19610.00	3554.00	4.20	1.40	8.00	0.53	0.18
2016	20275.60	3873.19	3.39	8.98	7.60	0.45	1.18
2017	21030.01	4192.63	3.72	8.25	7.80	0.48	1.06
2018	21674.56	4532.82	3.06	8.11	7.10	0.43	1.14
2019	22392.77	4706.22	3.31	3.83	6.80	0.49	0.56

资料来源：《2019 浙江统计年鉴》。

第一节　企业战略转型和绿色创新过程

近年来，我国相继颁布了《绿色制造工程实施指南（2016－2020年)》和《工业绿色发展规划（2016－2020年)》等文件，明确了构建完善的绿色制造系统是制造业发展的重要方向。从宏观经济发展来看，当前我国经济运行的一个重要特征就是经济结构调整加快，产业细分日益明显。从行业层面来看，传统制造业日益萎缩，重化工高污染行业面临下行压力，许多企业难以适应当前的经济发展，为此，对企业生产的结构化调整必不可少。电子商务、战略性新兴产业（包括新能源、新材料、信息产业、节能环保产业）以及现代服务业等发展迅速，高新技术产业已经成为国家经济发展的重要支柱，产业分化日益加快，资源型行业包括钢铁工业、有色金属工业、建筑材料工业等亟待政府政策和市场的双向调整。高污染的行业包括化工行业、钢铁行业、水泥行业等面临绿色转型升级。从浙江工业企业发展现状来看，浙江出现千亿级大型制造企业超过十家，还有数十家制造企业已经接近千亿目标。制造业企业在浙江企业中占据重要地位，改革开放之初，浙江人通过"四千精神"（历经千辛万苦、说尽千言万语、走遍千山万水、想尽千方百计），将农村作为民营企业的起点，大力推进和发展技术含量不高、市场投入低的轻纺、化工、造纸、印染等产业，通过大量的乡镇民营企业的崛起和发展推动了浙江工业经济的发展。但这一经济发展模式很大程度上是以资源掠夺、环境污染为代价的。随着习近平总书记"绿水青山就是金山银山"绿色生态理念的深入，人民群众对环境保护的意识更加强烈。这一传统发展模式遇到更多的内外部困境。这就需要企业重新审视产品生命周期，将产品生产的全过程纳入企业发展的过程之中，充分利用当前人工智能、大数据技术带来的机遇，通过构建产业集群，形成产业的集聚效益，有效解决企业的"低、散、小"问题。

从产品生命周期全过程来看（见表2-2），企业在产品研发生产过程中需要经历产品的导入期、成长期、成熟期和衰退期。在产品的导入期，由于产品的生产数量相对较小，企业的固定成本不变。为此，企业的总生产成本相对较高，在初期，企业的市场利润往往为负值。此时，很多企业往往依赖于低成本的资源优势，通过低成本抢占市场份额，逐步实现企业规模效益的提升。随着企业规模扩张带来的市场收益的提高，企业在生产过程中对环境的负面影响将会急剧增加，对资源的耗费也要远超于企业扩张规模之前。此时，为了企业的快速发展，特别是为了降低成本，企业往往选择无视生产活动中的环境问题。进入成长期以后，环境和资源的双重因素影响着企业的转型方式。这就对企业的绿色生产和经营提出了新的要求，企业通过技术创新，逐步减少传统能源的利用率，不断提高能源的使用效率，降低资源的耗费程度，降低污染物和废弃物的排放。产品进入成熟期后，产品的生产成本进一步降低，但同时受到外界环境的影响也越大，市场经营情况则直接影响企业的发展方向。产品进入衰退期以后，产品的固定成本不变，而可变成本下降，企业的市场投入逐步减少。由于产品面临被市场淘汰的风险，企业应当加快技术创新的步伐，逐步推动绿色创新实践活动的开展。

表 2 - 2　产品生命周期及其创新效应特点

产品生命周期	产品特点	措施的影响	产生的效应
导入期	生产数量小，固定成本不变，生产成本较高	低成本抢占市场，形成规模	规模效益凸显，环境作用激增
成长期	生产数量大，固定成本下降	技术创新提升资源利用效率	环境和资源的双重影响
成熟期	生产数量稳定，固定成本稳定，生产总成本固定	提升产品生产的关键性技术	资源效应明显
衰退期	生产数量缩小，固定成本不变，边际成本为负值	推动新产品的技术研发	产品替代效应

企业绿色创新面临着内外部多种因素的影响，具有复杂性和不确定性。特别是企业的绿色创新与技术、生态、经济三方面密切相关，具有非排他性和非竞争性的公共产品特性。从非排他性来讲，针对特定的绿色技术，企业需要付出巨大的代价以排除个人或其他企业的产品消费；而从生态效应来讲，针对生态效应的受益对象，单独增加对个人绿色技术的消费也无法减少其他个人绿色技术的消费。从外部性来看，绿色技术创新的实质是以知识创新为基础的技术创新或工艺创新。知识创新本身具有外溢性，一个企业在使用绿色技术进行创新并获得较高利润以后，其他企业必然通过市场途径促进绿色技术的创新，或者通过"搭便车"方式模仿这种技术或工艺并在市场上加以利用。

一、企业的绿色战略转型过程

当前学术界对企业绿色转型升级尚未有完全一致的定义。从企业的具体创新实践过程来看，绿色转型升级实际上包含两层含义。其一，绿色转型。转型的本意是从一种状态或模式通过各种要素转变成另一种状态或要素的过程。绿色转型实质是不同产业下的企业在内外部力量的作用下为了适应市场和环境变化而做出的转变生产要素配置方式的系统性转变。其二，绿色升级。升级是指企业从产业链或价值链的较低层级通过价值增值的方式跃进提升到较高层级的过程。绿色升级强调产品价值链跃迁需要围绕产品绿色价值或社会价值增值为目标，其实质是绿色产品品质的提升。可见，绿色升级的实质是在内外部力量的作用下，企业对资源配置方式进行整体性变革，是企业重塑绿色产品价值，提高市场竞争优势，提升绿色市场价值的过程。一般而言，企业的绿色转型和绿色升级往往同时进行，企业在对固有的产业结构做出调整进行市场转型的过程中，往往伴随着价值链中位置的进一步跃迁。

从绿色转型的战略布局来看，企业战略转型升级尤其是绿色战略转型并非对固有战略进行局部的调整。相反，是对企业的绿色生产、研发等各个战略层面的方向性变化，是对固有生产模式和发展方式的根本性转变（见图 2 - 1）。其一，绿色管理。企业战略转型升级具有一定的前瞻性，特别是作为绿色创新和社会发展、企业可持续发展目标密切相关。这就需要企业从战略高度分析和预测企业未来发展的外部环境和内部组织结构，及时调整和修正企业的战略目标，通过有效的绿色管理，包括过程管理、资源管理和沟通管理等环节，构建有效的 R&D 组织保障体系，不断推动企业的创新发展。其二，技术创新。企业绿色转型升级涉及到绿色生产技术、互联网信息技术、绿色平台等。这就需要企业加强资金和人力投入，不断提升绿色技术在产品生产中的作用。其三，企业文化。企业战略转型升级往往和时代发展密切相关，不同时代的整体发展和企业目标、可持续发展等密切相关，这就需要构建完善的创新管理工具和必要的文化支撑体系，从信念价值、文化制度、组织建设等入手推动企业战略目标的实现。其四，客户管理。企业战略转型升级具有显著的目的性。其核心目的在于转变企业的产品生产模式，资源配置方式以及改变市场的规模效应等，这就需要构建完善的决策领导体系和信息沟通管理体系，不断推进客户管理模式，以市场需求为基础，通过良好的客户体验、绿色定制等活动提升用户的感知价值，使得产品生产目标与市场发展密切相关。

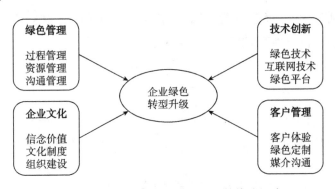

图 2 - 1　企业绿色转型升级过程的战略保障

从创新的技术层面来看，资源投入的种类（包括人力资源、物质资源、财务资源）和产品销售所处的具体环境（市场结构、市场竞争、内部经营）都较为复杂，特别是随着国家对绿色产品的要求逐步提高，产品绿色度的要求也越来越高，有效保证绿色产品的研发和销售成为企业不断提升市场竞争力的重要基础。从企业的生产手段来看，绿色创新条件下企业从资源的整合、要素的投放以及各生产环节的衔接都更加复杂，对绿色资源的要求也更加特殊，在生产和销售环节对绿色产品的销售目标对象更加有针对性。此外，在绿色创新过程中，需要平衡企业利润最大化和环境绩效之间的矛盾，而多目标过程中，动态设定企业短期目标和环境长期目标的和谐统一成为企业绿色创新的内在要求。然而，当前中国工业绿色转型面临着体制障碍、技术障碍和发展障碍等，面对当前全球气候变化的压力和日益加大的资源环境约束。为此，企业进行绿色战略转型的关键是树立绿色发展理念，始终坚持不懈地推进绿色发展模式的变革。

二、绿色创新模式

"模式"一词指的是主体行为和事物的标准形式或使其他对象可以参考的标准样式，往往具有一般性、稳定性和可操作性等有效特征。在激烈的市场竞争中，企业要生存并谋求一定的发展，必须依靠技术创新不断推动产品生产和研发。对环境规制要求的提高以及对资源利用率的提高，需要企业通过绿色创新兼顾经济绩效和绿色绩效。由于绿色创新面临的市场风险更高，投资更大，不同阶段下如何开展绿色创新活动成为企业需要重点考虑的问题。从技术创新的角度，企业的技术创新模式主要包括模仿创新、独立创新、合作创新与引进再创新。绿色创新同普通技术创新有其共性。同样包括模仿绿色创新、独立绿色创新、合作绿色创新以及绿色引进再创新模式（见图 2 - 2）。

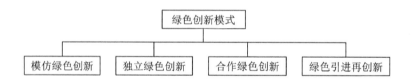

图 2 - 2 企业绿色创新的基本模式

其中，模仿绿色创新是企业进行绿色创新最常用的一种模式，是创新主体通过学习模仿自主创新者的一种方法。由于绿色创新涉及的研发风险、生产风险很高，而企业的市场投入较大，通过模仿绿色创新，企业能降低各类风险并快速提升企业的绿色产品整体研发效率，在某些生产环节尽可能降低对环境的污染，提升产品的资源利用率。特别是对于环境规制的关键设备或者绿色产品生产的关键工艺，通过模仿绿色创新，企业能够快速消除行业壁垒，最终走出适合企业发展的自主创新道路。这一模式的缺陷在于模仿绿色创新有时很难完全掌握原研企业的核心绿色技术，模仿创新的产品品牌市场认可率较低。

独立绿色创新是企业通过自主研发绿色新技术、新能源、掌握清洁生产新工艺，并迅速成为绿色产品生产的领先者和绿色技术的垄断者。独立绿色创新对企业的研发能力、资源配置能力、组织管理能力都提出了很高的要求，市场风险也非常高。但通过独立绿色创新，企业能够真正掌握绿色工艺和绿色生产的关键技术，掌握绿色产品生产的核心能力，同时也可以通过相关的绿色创新专利对某些绿色产品实行专利壁垒，提升绿色产品的市场价值和绿色品牌价值。这一模式的缺陷在于创新难度很大，资金投入量较大，研发周期很长，失败风险较大。

合作绿色创新是指企业和其他企业或研发机构进行有效的绿色技术合作，共同研发绿色产品或绿色生产工艺。如企业—高校合作绿色创新模式就是企业进行绿色创新、资源共享、风险共担的一种有效模式。对于绿色产品而言，其产品所需要的技术水平较高，特别是生产过程中所涉及的绿色技术融合过程也相对较为复杂。通过企业和其他组织的合作绿色创新，一方面，有助于企业通过合作获取其他企业或机构的资源和信息，有利于降低企业和市场的双向信息不对称性，从而减少市场的不确定性。通过资源优势互补以降低市场风险并实现资源的有效配置。在合作创新过程中，有利于各个合作机构能充分发挥自身的长处，不断提升创新的效率和质量。另一方面，通过合作有利于企业把握市场机遇，积极寻找并开发适合企业发展的创新产品。当然，这一合作也存在一定的不足，主要是合作过程中究竟谁掌握核心绿色技术可能成为研发的矛盾所在，由此引发的利益冲突有可能限制企业的发展。此外，合作绿色创新中企业间的"搭便车"现象依然存在，导致合作企业的市场投入有限，难以充分发挥自身的研发优势。

绿色引进再创新，即企业通过直接引入国外企业的绿色生产技术、绿色工艺流程和绿色质量控制体系等。在此基础上，企业结合自身的技术、管理实践对固有的绿色产品生产进行必要的技术升级，从而生产出适合市场发展要求的绿色产品。一方面，这一创新模式能够快速地使企业掌握国内外先进的绿色生产工艺技术并生产出适应市场发展要求的绿色产品，提升了企业适应外部市场的能力。另一方面，这一方式也促进了企业对现有绿色技术的改造和升级以适应不断变化的外部市场，加快升级现有的绿色产品生产，提高了企业的系统创新整合能力。当然，这一模式也存在着一定的不足，这是由于市场发展速度过快或市场的异质性等因素，国外引进的企业绿色生产技术有可能不适合中国的具体实践，特别是很多引进的先进绿色生产技术可能是国外即将淘汰的绿色技术，而某些国外关键绿色技术可能难以直接引进，最终导致企业花费巨资引进了某些技术，但生产的绿色产品缺乏市场竞争力。

企业进行绿色创新过程中的绿色发展模式并非强调单纯的技术创新。相反，绿色发展模式更多地强调企业在该产业链中的价值位势。强调产品创新过程中的绿色技术含量，并且将绿色理念作为企业盈利的重要考核指标。从发展机遇来看，当前很多企业都可以通过绿色转型升级转变为具有特色化的绿色研发型企业，如传统的代工制造型企业通过技术创新升级为绿色智能化制造型企业；零售企业通过技术创新升级为智能化的连锁型平台型企业等。可见，通过绿色转型升级意味着企业在绿色创新过程中所生产的产品结构产生了巨大变革，并引发了商业模式发生了改变，企业的市场竞争力有了显著性提高。

绿色发展模式的核心是围绕企业发展目标不断开发绿色生产技术特别是创新环节中的关键技术，这就需要企业加强推进绿色技术的研发，通过"突破式创新"向市场提供更低的价格、更高的便利性和更可靠的产品或服务。针对有效实现生产过程中的节能减排，为资源的优化利用奠定必要的技术支撑。对于某些传统行业包括化工、机械制造等进行绿色发展的关键是提升能效和资源利用率，逐步实现产业升级和结构的调整。传统产业变革时需要制定与国际发展相一致的绿色制造规范和标准，通过构建完善的绿色制造标准体系，实现循环经济。然而，这一过程中，需要加强对知识产权的保护和改善，避免由于溢出效应对企业知识的负外部性的影响。目前，我国正在积极探索绿色专利体系建设，特别是2017年我国颁布的《专利优先审查管理办法》指出：涉及节能环保、新一代信息技术、生物、高端装备制造、新能源、新材料、新能源汽车等国家重点发展产业可以请求优先审查。根据知识产权局2018年发布的一项《中国绿色专利统计报告（2014－2017年）》数据显示，中国的绿色专利拥有量逐步提升。截至2017年底，我国绿色专利有效量达13.6万件。在专利申请方面，从2014年至2017年，我国绿色专利申请量达24.9万件，年均增速高于我国发明专利整体年均增速3.7个百分点。这表明：对绿色知识产权的保护已经成为企业的共识。从企业对绿色知识产权申请的主要方向来看，当前企业绿色创新活动的主要活动领域包括污染控制与治理、环境材料、替代能源、节能减排等四个技术领域，而以污染控制与治理领域最为活跃。

进入新时代，人工智能技术、大数据技术、物联网技术已经成为影响社会发展和企业生存的重要前沿技术。企业进行绿色转型时，就需要运用包括大数据技术在内的智能分析工具进行数据分析，了解绿色产品的研发生产相关数据，通过人工智能技术提升产品的智能化生产过程。通过物联网技术将相关产品的创新有机结合起来，运用相应的技术开发最有效的传感器、物联网应用软件以及物联网设施设备等。提升产品的绿色技术含量，从而促进企业进行绿色产品技术的研发。

三、战略转型的类型和方式

绿色创新的本质是通过技术手段降低产品生产过程中的能耗，不断提升产品或服务提供过程中的绿色化水平。为此，企业进行绿色战略转型主要围绕能耗展开，其基本模式主要包括三种（见图2－3）：

第一种转型模式为能耗降低型模式。当产业结构不变的情况下，企业通过工艺流程创新、组织创新、资源优化等方式不断降低产业单位产值的能耗和物耗水平。即以绿色技术推动资源优化配置，提升产品价值的转型。这一战略转型模式的优点在于通过降低能耗，企业能快速适应绿色产品生产的现状，转型的周期较短，投入相对较低。

第二种转型模式为产业结构优化模式。在于当能耗和物耗水平不变的情况下，优化产业结构，调整产品生产结构，提升产品的市场价值，更多地发展低消耗、低污染的新兴产业，生产具有低能耗的绿色产品。从而推动地区或企业整体能耗和物耗水平下降的产业绿色转型和产品绿色转型。这一战略转型的优点在于企业能快速适应市场需求，其绿色产品的市场化水平较高。

第三种转型模式为市场转型重构模式。在于完全摒弃现有的生产要素方式，重新生产市场上具有较大优势的绿色产品，这就需要企业重新规划产品生产技术、生产方式，原材料和能源利用方式。此时，企业的转型意味着企业已经生产和原产品关联度较低甚至与原产品领域完全无关的产品。这一战略转型的优点在于企业能够在产品市场上实现独家经营，其绿色产品的潜在市场收益巨大。

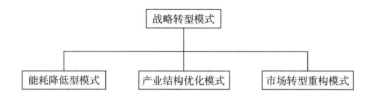

图 2 - 3　企业绿色战略转型基本模式

企业战略转型实践中可能包含一种或几种基本模式。如在乳制品行业，企业进行转型升级、进行绿色发展就需要实现乳制品产业链的上下游协同联动。伊利企业作为内蒙古一家特色的乳制品企业，2016 年开始在绿色生产领域进行了大量的投资，用于污水厂池体维修、加装除磷系统、进行燃煤锅炉取缔等，通过实施 103 个节能项目，年节水量达 1500 万吨，相当于西湖的蓄水量。此外，在自营牧场下，通过配套相关的雨污分流系统、干湿分离设施等，最终实现了零排放模式。可见，伊利集团通过生产、流通等环节实现了产业链的全链覆盖和协同创新联动，将绿色发展理念贯彻到产业链的每个关键环节。在奶源源头方面，伊利集团同样严守绿色奶源基地建设，不断提升奶源的质量，从源头保证了乳品的品质。在运输过程监控上，充分利用奶源物联网追溯体系，实现牧场原奶生产、储运过程的 100% 远程实时监控，充分保障原奶的运输安全，将绿色理念贯穿于质量管理过程之中。通过一系列的绿色管理和生产活动，企业的质量战略上升到新的阶段，甚至已经成为企业文化的核心。绿色转型十分成功。可见，该企业进行绿色转型时就包含了能耗降低型模式和产业结构优化模式。

第二节　企业战略转型和绿色创新面临的环境变迁

企业战略转型的实质是企业改变固有的业务和管理模式，通过内部结构性的变革和调整，从而获得经营绩效的改变。这种战略转型往往是系统性的自上而下的变革，从而适应当前经济和社会发展变化。转型往往与企业的经营理念、外部环境、社会变革、产品创新等要素相关联，战略转型的过程就是不断对内外条件变化进行动态平衡的过程。通过战略转型，实现企业经营方向的转变、运用模式的变革及其组织方式的变革。战略转型的核心是资源配置方式发生了整体性转变，这是企业重塑竞争优势、提升社会价值，从而重塑企业形态的过程。因此，企业的战略转型是一个长期的过程。从广义上来讲，企业的战略转型往往涉及到组织变革、管理制度变迁，甚至行业转型升级。从狭义上来讲，企业的战略转型则往往与企业的生产和经营有关，围绕企业经营生产所采取的一切产业化转移、产品创新等都属于企业转型。企业绿色转型的实质是产品顺应市场发展、顺应外部环境发展的客观要求，通过绿色化产品实现企业的规模效应。根据《生态设计产品评价通则》（GB/T 32611）对生态设计产品评价规范系列国家标准（GB/T 32163）和相关行业标准及团体标准，绿色产品是以绿色制造实现供给侧结构性改革的最终体现，侧重于产品全生命周期的绿色化。绿色化生产的核心是通过产品轻量化、模块化、集成化、智能化等绿色设计共性技术，采用高性能、轻量化、绿色环保的新材料，开发并推广具有无害化、节能、环保、高可靠性、长寿命和易回收等特性的绿色产品。由于产品标准和规格发生了变化，企业的绿色生产、绿色发展理念都将产生相应的变化。

当前，中国经济进入了新时代，经济增长已经由追求速度逐步转向追求内在质量，通过国内外双循环提升经济效益。为此，新时代对传统制造企业提出了新的要求。特别是从 2015 年开始，移动互联网迅速普及，相关的云计算、大数据技术、人工智能技术等快速发展极大地推动了电子商务的发展，同时也对实体经济产生了极大的冲突。这就要求企业首先树立互联网思维，而互联网思维的关键是要利用移动互联网进行信息的传播交流，通过网络互动、信息共享等方式拉近和消费者的距离，提升产品的传播效率。特别是需要利用互联网进行战略转型，变革固有的营销体系和经营体系，整合与企业产品研发生产和销售有关的信息和时空资源，不断应对市场的变化。企业的绿色转型是一种系统性的、根本性的市场变革，是企业对自我发展方式的彻底转变，需要在绿色管理理念、绿色发展方式和绿色价值观等方面的彻底变革，并围绕内外部市场环境的变化在企业战略、运行机制、组织结构方面等进行全方位的变革。

一、企业绿色创新的内外部环境的变迁

从生态文明发展目标出发，习近平总书记在全国科技大会上指出："生态文明发展面临日益严峻的环境污染，需要依靠更多更好的科技创新建设天蓝、地清、水清的美丽中国"，"依靠绿色技术创新破解绿色发展难题，形成人与自然和谐发展新格局"。习近平总书记的科学论断强调了绿色创新在生态环境保护、生态文明建设中的重要性，也从侧面说明，当前绿色创新已经成为市场发展的重要技术，绿色创新的发展将影响生态环境和生态文明建设。党的十九大报告和国家的"十三五"规划都提出我国应加强生态文明建设，通过创新活动以实现绿色循环和社会的低碳发展。国家发改委也围绕绿色专业布局、生态文明发展提出了绿色产业发展指导目录，包括三级目录：一级目录包括环保节能产业、生态环境保护产业、基础设施和绿色升级以及第三方服务类；二级目录共有30类；三级目录共有210类。逐步构建绿色产业的认定机制、引导社会中介组织和第三方机构开展相关的服务，并对相关协会和提供服务的机构进行联合督查。然而，由于当前绿色技术的市场不规范也不健全，特别是绿色创新需要考虑的因素很多，从原材料到生产过程到产品回收利用等每个环节都尽可能考虑绿色环保，这就使得绿色技术开发的周期长，费用提高，而某些绿色技术的市场需求有典型的不确定性，产品开发的具体方向难以预测。

从外部环境来看，绿色技术创新需要企业进行大量的资金投入，这就需要政府对企业外部的融资问题进行帮扶，包括为企业绿色技术创新提供融资支持、信贷担保和风险补偿，通过企业环境信用评价使得企业资金成本与环境成本形成双向联动，引导金融机构有限支持绿色创新。政府需要建立健全环境产权制度，将环境生态保护作为一项重要的考核指标，促进资源的节约利用。此外，政府需要

制定有效的税收政策，将整个生产和消费领域所产生的环境成本显性化。通过具体的政府政策引导和市场激励等措施，激发市场活力和社会创造力，创建有序竞争的绿色产业发展市场环境。其中，通过针对企业的优惠税收政策，能够有效地发展环保市场。推动政府绿色采购，鼓励领先企业自愿推行绿色供应链管理，带动行业技术和管理升级。推动政府、企业和研究机构等联合建立绿色资源和技术共享网络。

从内部环境来看，绿色创新发展是企业应对市场竞争、资源耗费的必然选择。而有效的企业规章制度则对企业绿色创新提供了保障。绿色制度创新成为企业绿色创新的基础，通过有效的内外部制度，可以有效地约束企业的生产和研发行为，降低企业的市场风险。特别是随着大数据技术、信息化技术的广泛应用，这对企业的绿色管理体系提出了新的要求，这就需要企业构建完善的内外部环境管理体系，通过对绿色创新进行环境规制，对企业的环境污染活动进行抑制，而对企业的环境保护行为进行奖励，通过长效的激励机制提升了企业创新的动力。

二、政策体系和法律法规体系的构建

从政府制定的相关政策来看，绿色创新除了具有技术溢出的正的外部性之外，绿色创新本身强调了对环境的保护和对资源的有效利用。因此，对环境和资源的节约具有正外部性。自党的十八大以来，政府不断推进针对资源消耗的价格改革，通过有效地基础资源定价为节约能源资源、促进结构调整发挥了重要作用。其中，2011年和2016年，国务院分别印发了《"十二五"节能减排综合性工作方案》和《"十三五"节能减排综合性工作方案》提出了对节能减排的总体要求和主要目标。全方位部署了节能减排的具体工作，这就为绿色技术创新指明了具体的方向——以节能减排为方向的技术创新活动。2018年1月1日起，《中华人民共和国环境保护税法》正式开征"绿色税制"，而《生态环境赔偿保障制度改革方案》以及新修订的《中华人民共和国水污染防治法》等多个环保新政推动企业不断加强绿色节能减排，转型升级。2018年7月，国家发改委印发了《关于创新和完善促进绿色发展价格机制的意见》，这从政策方面积极推进绿色产品定价。自2004年，国家发改委陆续出台了脱硫、脱硝、除尘和超低排放环保电价政策，充分调动了发电企业节能减排的积极性，极大地降低了能源的负外部性，为绿色产品定价奠定了政策基础。随后，2013 年以来，逐步实施油品质量升级加价政策，调动炼油企业技术升级改造积极性。此外，2018 年，国家发改委编写了《国家重点节能低碳技术推广目录》，设计包括煤炭、钢铁、石油石化、化工、建材等 13 个行业共 260 项重点节能技术，从而在政府层面积极推动节能技术的应用。还逐步建立了垃圾处理、污水处理收费制度，初步建立了生态环境成本内部化的政策框架。强调用市场化手段调动人们节能减排、治理环境、保护生态的主动性和积极性。政府也加大了对环境法规的设立，目前已经制定了多达 12 部环保法律，地方政府也制定了多项地方性环保法规条例，然而由于执法不力和环境法规的低约束性，导致企业缺乏将环境问题与企业经济行为联系起来的动力。此外，政府的污染许可证制度和排污收费制度也并未有效地建立，这导致难以构建完善的生态环境综合补偿机制。浙江省经济和信息化委员会于2018年颁布的《浙江省绿色制造体系建设方案（2018 - 2020）》明确提出，紧紧围绕制造业资源能源利用效率和清洁生产水平体系，以纺织、服装、皮革、化工、化纤、造纸、建材、有色金属加工、农副食品加工、机械、家电、高端装备制造业作为浙江省绿色制造建设体系重点行业方向，力争到2020 年，累计培育创建100个绿色工厂和 10 个绿色园区，建立若干绿色供应链管理示范企业。

从消费者对绿色产品的具体消费情况来看，随着环境保护意识的提高，消费者的低碳意识也相应有所提高，对绿色产品的接受程度也有了较为明显的提升。产品的绿色性能对消费者的购买行为有显著性影响。首先，绿色消费产品的品类不断丰富，包括节能家电、节水器具、有机产品、绿色建材家居用品等新型创新绿色产品进入千家万户。此外，最新的空气净化器、家用净水设备等健康环保产品销售也日益火爆。循环产品包括可回收家居产品等逐步被接受。其次，绿色产品消费规模日益增加，包括高效节能空调、电冰箱、洗衣机、平板电视等产品市场规模日益扩大。绿色产品消费的生态效益提高显著。其中，2017 年国内销售的高效节能空调、电冰箱、洗衣机、平板电视、热水器等可实现年均节电约 100亿千瓦时，相当于减排二氧化碳 650 万吨、二氧化硫 1.4 万吨、氮氧化物 1.4 万吨和颗粒物 1.1 万吨。

消费者对绿色产品不同层次的消费需要，引起了企业管理者的管理观念革新，企业通过绿色创新手段完成了传统生产模式的变革，逐步实现清洁生产和绿色产品开发。可见，绿色产品消费对企业绿色产品开发产生了深远影响，具体表现在三个方面：①消费者对绿色产品的消费结构是绿色创新的市场基础。消费者对绿色产品消费的不断增长，表明绿色产品市场的不断扩大，绿色产品的市场需求不断提高。可见，消费需求的增长成为企业绿色创新的基本动因。市场经济下，企业对市场需求的动态变化传到市场，企业要想取得成功就要看技术创新是否适应市场的需求。企业的绿色创新必须以消费者为中心，时刻围绕消费者的需求变化。事实上，当前企业竞相采用生态化技术，实行清洁生产，从而为了适应市场绿色消费需求的理性选择。②绿色消费成为企业绿色创新的发展方向。绿色需求决定了企业要调整整体的产品市场需求，加强绿色产品的生产，不断采用绿色化的生产技术，降低能耗，减少资源浪费，提高能源利用率，减少废气物排放。从发展来看，绿色成本与企业的经济效益呈"U"型关系。在企业刚采用绿色技术时，由于绿色投入较高，则企业的成本显著提高。随着绿色技术的广泛应用，企业的单位产品成本下降，再加上资源利用率提高，能源利用效率提升，企业的原材料成本大幅度下降。③绿色消费需要加强市场的监管，加强市场的整顿。首先，绿色消费需要政府和企业进行适当的引导。构建完善的绿色产品认证的标准、认证制度以及绿色产品生产和销售的法规。1993年国家环保局和国家技术监督局首先制定了环境标志产品的认证制度。1995年完善了首批环境标识产品目录。通过外部引导和政策限定有助于绿色产品获得ISO标准，强化绿色产品的品质管理，消除"绿色壁垒"，不断扩大市场份额，增强企业的国际竞争力。对于政府而言，通过有效的市场监督，能够严厉打击假冒伪劣产品，提升绿色产品的市场认可度，确保消费者群体对绿色产品高端、环保的市场认可。通过政策加强消费者对环境保护的行为，推动绿色消费成为人们的自觉行为。可见，绿色创新和绿色消费互为因果关系。通过绿色创新可以实现绿色消费，反过来，绿色消费引领和推动绿色创新的实现。这就需要有效地将绿色消费和绿色创新有机结合，协同发展。既要重视企业绿色创新，也需要注重产品的绿色消费，通过绿色消费引领绿色创新，推动绿色创新向生态化方向发展。通过需求端的拉动，倒逼生产端加强绿色技术创新，加快绿色产品生产以推动生产产业绿色转型（见图2-4）。

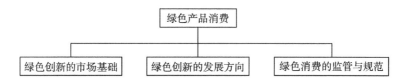

图 2 - 4　绿色产品消费对绿色创新的影响

第三节　企业战略转型和绿色创新内部困境

在移动互联网新时代，企业面临着激烈的外部市场环境变迁，包括信息技术革命如 5G 变革、人工智能、大数据分析技术等现代技术都对企业的发展带来了深远的影响。一方面，信息技术的变革对相应的消费者消费行为及其消费模式也都产生重大变革，消费者和市场对产品的需求越来越从单纯的数量增长逐步转变为对产品品质的提升。另一方面，随着居民人均可支配收入水平的提高，消费者的消费思维也发生了巨大转变，会主动选择高品质的品牌产品进行消费。可见，外部环境和消费市场的双向动态变化客观上对企业绿色技术创新提出了新要求。相应的，围绕绿色技术创新有关的企业管理环节包括组织管理、企业绩效、营销措施等也都提出更高的要求。特别是在企业战略转型过程中，企业往往面临着组织管理水平难以跟上时代发展要求，信息不对称带来的组织管理落后、人才管理水平低下、财务预警和管理能力制约等多重困境。为此，企业需要重新树立互联网思维，不断了解新的市场消费趋势和产品发展趋势，克服当前的各种困境，积极对企业发展进行战略转型，从而获得移动互联网时代下的经济发展。

一、企业绿色创新博弈模型构建

假设企业在急性绿色创新中不仅考虑企业是否进行生产的问题，还需要考虑公众是否进行消费。假设企业的利润可以表示为 π_i，销售的产品数量为 Q_i，单位产品价格为 p_i，单位产品的生产成本为 c_i，企业在技术创新过程中需要考虑为节能减排进行的技术改造和环境治理成本为 l_i。不考虑企业的技术创新额外成本，

单纯的排污成本为 kQ_i，其中，k 表示排污成本系数。

其中，治理成本可以表示为：$l_i = \gamma g_i^2$。其中，γ（$\gamma > 0$）为企业进行绿色技术创新的研发成本系数，g_i 表示产品的绿色度。显然 $l_i' > 0$，$l_i'' > 0$。

对于一般企业 i 而言，其利润模型可以设定为：

$$\pi_i = (p_i - c_i)Q_i - kQ_i \qquad (2-1)$$

根据 $\dfrac{\partial \pi_i}{\partial Q_i} = p_i - c_i - k = 0$

可知，产品 i 的均衡价格 $p_i^* = c_i + k$

对于运用绿色技术创新的企业 j，其利润模型 π_j 可以设定为：

$$\pi_j = (p_j - c_j)Q_j - \gamma g_i^2 \qquad (2-2)$$

根据 $\dfrac{\partial \pi_j}{\partial Q_i} = p_j - c_j - \gamma g_i^2 = 0$

可知，产品 i 的均衡价格

$$p_j^* = c_j + \gamma g_i^2$$

定理： 在均衡情况下，如果企业不进行绿色技术创新，产品的均衡价格与单位成本和排污系数有关。当企业进行绿色技术创新时，产品的均衡价格与产品生产成本成正比，与绿色度的平方成正比。

根据该定理可知，企业生产产品的绿色度越高，企业拥有的绿色产品定价权限也越高，企业可以通过制定较高的价格来获得相应的利润。然而，当前我国的制造业尤其是高端制造业仍然处于相对粗放的发展模式。虽然国家的整体科技创新能力取得了较大的发展，相关的绿色专利数量已经有了很大的提高，但是专利的含金量较低。特别是与绿色制造和绿色工艺有关的节能环保核心技术严重匮乏，仍然需要从外部市场引进。企业难以做到有效的完全自主创新。有时，即使企业创新出了一定的绿色技术应用于产品生产，但是受制于政府的政策、企业运营成本和生产成本等，使得创新绿色产品很难真正进入市场并被市场所采纳。从技术创新角度，产品的绿色转型实际是通过不断的绿色工艺创新、绿色技术创新和绿色产品创新，以及使绿色创新成果在企业间应用、转移和扩散，不断提高产品的产业整体竞争优势，通过企业自发或有组织的集聚，提高创新资源利用效率，形成有利于创新的动态集聚效应和优势产业集群的过程。通过绿色创新从生产到消费再到报废的各个环节，企业都需要进行相应的绿色转型。从源头引导企业的绿色技术创新和绿色产品转型。为此，企业需要正视企业内部的各种经营困境，通过有效的技术手段提升绿色产品的有效性，提升技术创新的效果。当前，企业面临的绿色创新困境主要包括：企业内部经营困境、企业外部组织困境、资源优化配置困境以及企业财务管理困境（见图2－5）。

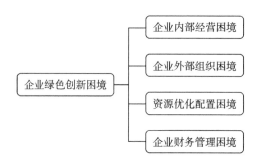

图2－5　企业面临的绿色创新困境

二、企业内部经营困境

由于政府对相关产业发展调控失败导致产业整体结构失衡，导致能源及其资源密集型产业虽然发展迅速，但是出现了较大的产能过剩问题。对于高附加值的领域包括芯片、集成电路缺乏自主知识产权。在新时代，数字经济和互联网发展变化对经营者提出了新的要求，需要经营者树立互联网思维，针对产品可能面临的市场困境，树立敏锐的市场洞察力，通过改革创新，实现企业的战略转型。然而，大多数企业的绿色意识不足，对环境和政策的灵敏度不够，缺乏紧迫感和危机感，不考虑长远利益，并未从战略高度来看待绿色技术创新和推广。这就需要企业积极开拓绿色市场，应对市场的生存竞争。不断提升绿色营销创新能力，促使企业迅速认识并抓住新机遇，以更好的姿态面对市场环境的变化。以绿色消费为目标，推动企业成为积极的市场创造者，从而确保企业获得持续的市场竞争力。通过强化绿色服务创新，从专业角度引导消费者加强绿色产品消费，从而营造有效的绿色市场，不断应对绿色创新面临的内部经营困境。

三、企业外部组织困境

新经济时代，企业的组织结构不合理，创新组织不力，组织文化难以和时代发展、市场的绿色需求相匹配。技术信息网络覆盖面较低，信息传递机制不健全，绿色管理意识和管理行为相对比较薄弱，并未真正建立完善的绿色技术研发中心和服务中心。为此，传统企业需要改变固有的组织架构，特别是随时移动互联网的广泛应用，多层级的管理模式和管理体制已经越来越受到阻碍。这就需要企业重新打破固有的组织壁垒，树立学习型组织的概况，不断提升全体员工的自身素质和能力，改变固有的群体观念和组织惯性，不断改变知识的缺陷和外部的竞争威胁，构建相对完善的信息传达机制，确保信息能够有效地向终端员工进行传递。为此，一方面，企业应当加强同高校、科研机构等的有效合作，共同构建富有特色的绿色工艺创新支撑平台，充分发挥企业—高校—科研机构的联合创新作用，提升创新协作能力和创新的市场化转化。另一方面，不断创造以绿色发展为核心的组织文化。在组织层面加强绿色创新活动，围绕绿色创新的核心目标对相关的组织结构或权责关系做出必要的改变，缓解组织员工对绿色发展行为的抵触心理，不断提升企业组织的绿色创新学习能力。

四、企业资源优化配置困境

企业进行绿色转型和绿色创新过程中，遇到的关键困难是对各种资源的有效配置，特别是如何利用科学的管理手段对现有的物力、人力和财力等进行资源优化、组织和配置。使人力资源、资金资源和物质资源配置达到最优化，充分调动相关人员的积极性和创造性。特别是在新时代，许多企业只关注产品的直接经济利益而忽视产品的社会利益，很多产品的市场投机性强，市场短期行为严重。此外，传统制造型企业在绿色转型过程中面临的主要困境在于管理的水平仍然相对较低，难以对转型升级的方向进行有效把握，对人才的利用度较低，人才流失尤其是高层次人才流失现象非常严重，这对企业的发展都会产生消极的影响。在新时代，企业的绿色创新的竞争归根结底是人才的竞争，为此，需要企业建立完备的人才培养和储备机制，通过人才储备、人才引进和人才共享等多种方式积极吸纳高层次人才参与到企业的绿色创新和绿色管理中，提升企业绿色创新的技术度和管理的现代化程度。以人才战略作为企业转型战略的基础，不断提升员工绿色创新意识的培养，促进员工积极探索节约能源、减少污染的工艺技术、流程和设备，从而增强企业绿色创新工艺能力。在这一过程中，企业应当有意识地进行绿色产品消费的宣传，寻求环保组织的配合，积极开展环保知识的普及活动，提供公众的环境意识，鼓励企业加快转型升级。

五、企业财务管理困境

新时代对企业的财务行为有了新的要求，特别是移动互联网的高速发展对企业的相关经营行为数据了解更加准确。客观上就需要企业通过多种途径加强外部资金的筹措和内部资金的有效利用，不断推进资产管理，加强产品收益和利润分配，提升成本控制等财务管理工作，通过现代化管理水平影响企业的战略转型。特别是企业在绿色创新过程中需要将环境效益、社会责任等一系列因素作为企业财务管理目标的组成部分。通过提升企业产品总价值与企业快速发展目标相一致，并且平衡综合绿色投入资金成本与绿色经济增加值之间的比例关系从而实现企业经济效益最大化。这就涉及到对财务的绿色管理，即绿色财务管理。其一，绿色筹资。即通过各种筹资方式充分考虑社会资源的有效利用，并通过民间资本、企业内部资本、政府财政拨款等解决企业绿色资金问题，提升企业的环保形象。政府需要加强监管和正向的激励，通过绿色债券、绿色信贷以及税收减免等措施推进财政金融支持政策。其二，绿色投资。进行绿色创新就需要增加绿色产品的研发投资，不断提升研发的资金支持，这也是绿色产品创新的关键。通过绿色投资对企业的绿色创新活动进行有效的考评。其三，绿色分配。针对市场调节的缺陷，通过政府监督等方式加强对绿色资金的管理，特别是对于绿色股利需要优先发放，提升企业的绿色形象。

六、强化企业绿色创新能力

绿色创新能力是指企业为了进行差异化竞争，在技术端加强企业技术研发并追求生态和效益连接的能力。

绿色创新能力至少包含以下几个维度（见图2-6）：其一，环境管理的信息化能力，即企业的绿色创新需要构建有效的信息化体系，通过绿色化信息化推动环境管理的进行。其二，绿色治理能力，即通过有效的技术革新，降低资源的耗费，提升能源和资源的有效性。其三，绿色管理能力。

假定绿色创新能力用 $F(g)$ 表示，其中，信息化能力表示为 $\sum f(g_1)$，绿色治理能力表示为 $\sum f(g_2)$，绿色管理能力表示为 $\sum f(g_3)$。则企业的绿色创新能力可以表示为：$F(g) = \sum f(g_1) + \sum f(g_2) + \sum f(g_3)$

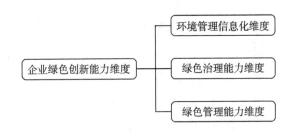

图 2 - 6 企业绿色创新能力维度

构建企业进行绿色创新时的投入产出模型时，运用柯布—道格拉斯生产函数；

假设企业进行绿色治理的生产函数为：

$$U = \lambda K^{\alpha} L^{\beta} \qquad (2-3)$$

其中，U 表示企业进行绿色治理的净效益；λ 表示科技进步和管理效率系数；K 表示企业绿色创新时的资本投入量；L 表示劳动投入量；α 和 β 分别表示劳动力和资本生产效率指数。根据收益对资本投入和劳动投入量的一阶导数，可知：

$$\frac{\partial U}{\partial L} = \lambda K^{\alpha} L^{\beta-1} \geq 0 \qquad (2-4)$$

$$\frac{\partial U}{\partial K} = \lambda K^{\alpha-1} L^{\beta} \geq 0 \qquad (2-5)$$

这表明企业的边际劳动生产率大于 0，同样边际资金生产率也大于 0，企业的平均劳动生产率 $\bar{L} = \dfrac{U}{L} = \lambda K^{\alpha} L^{\beta-1} \geq 0$。表明劳动具有一定的规模效益；同样，资本投入也具有规模效应。

假设普通生产投入的劳动力为 θL，绿色生产劳动力投入则为 $(1-\theta)L$。同样，配套普通生产固定环节投入的资金为 ρK，绿色创新生产投入的资金为 $(1-\rho)K$，此时，企业绿色创新过程中的固定生产环节的生产函数可以表示为：

$$U_1 = \lambda_1 (\rho K)^{\alpha_1} (\theta L)^{\beta_1} \qquad (2-6)$$

其中，λ_1、α_1、β_1 分别表示企业进行普通生产创新过程的生产管理系数、劳动力与资金生产效率指数。企业进行普通生产环节的生产函数可以表示为：

$$U_2 = \lambda_2 \left[(1-\rho)K \right]^{\alpha_2} \left[(1-\theta)L \right]^{\beta_2} \qquad (2-7)$$

其中，λ_2、α_2、β_2 分别表示企业进行绿色生产创新过程的创新管理系数、劳动力与资金生产效率指数。

考虑全部过程，则可以将企业绿色生产过程表示为：

$$U = \lambda_1 \lambda_2 (\rho K)^{\alpha_1} (\theta L)^{\beta_1} \left[(1-\rho)K \right]^{\alpha_2} \left[(1-\theta)L \right]^{\beta_2} \qquad (2-8)$$

据此模型可知，企业绿色生产过程中创新管理系数、劳动力与资金生产效率指数越大，企业利润越大。根据企业绿色生产过程模型可以看出：企业进行绿色创新分工以后，企业进行绿色生产的效率比单独进行普通生产的生产模式要高。企业通过绿色产品创新之后，需要进行组织结构和运行机制的创新，使得企业从产品设计到关键核心部件以及各个生产环节组件供应的生产企业均能专注于某一具体环节的生产创新。通过各个环节的生产创新，最终形成"研发—生产—销售"全生产链的绿色创新。企业的科技进步和管理效率都将得到不同程度的提高，劳动力指数和资金的生产效率指数也将进一步提高。最终实现企业绿色管理效率和绿色创新效率的提高。对于企业来说需要根据绿色生产的要求，不断提升企业的绿色创新能力，围绕绿色创新能力的维度，在企业内部不断加强激励力度，提升企业创新的氛围。并加强企业内部组织的创新以及运行机制的系统创新，协调内部设计、生产、供应、管理等多个环节，不断提升产品的科技含量和管理效率。围绕企业绿色创新环节的劳动力指数和资金生产指数不断加大投资，通过系统培训、人员优化等提升劳动力的绿色创新指数。通过组织内部的激励政策和内部调控提升资金的生产指数，最大限度地减少绿色创新过程的外部风险，通过和其他高等院校、科研院所等进行协作绿色创新，不断提升绿色投入的产出效率。最终，通过有效的激励措施，加快企业技术研发的有效性并提升企业的绿色创新能力。

从企业进行绿色创新带来的市场效果来看：第一，绿色创新能力的提高有利于企业提升自身的市场地位。企业绿色创新能力的核心包括企业的研发能力、组织能力、营销能力等一系列能力。通过企业绿色创新能力的提升，可以开发出新的绿色产品，从而获得有利的市场地位。第二，绿色创新能力的提高有助于企业树立绿色品牌形象。当前消费者对产品的关注，更多的是对于价格以外的产品信息的关注，缺乏对产品品牌差异化的关注。相比普通产品，绿色创新产品能够给用户带来身份和市场地位的认同感。特别是随着企业绿色创新能力的提升，企业能够推出更多具有绿色环保效益的绿色产品。这些绿色产品有助于形成富有特色的绿色品牌，有利于用户加强对绿色品牌的产品差异化认知。第三，绿色创新能力决定了企业的发展战略目标的实现。绿色创新能力的高低，将决定企业是否能够创造出具有高品质的产品，减少对环境和人类健康的负面影响。从企业发展目标来看，企业的核心目标是加强进行高品质产品的研发和生产以获得高额市场利润，企业的竞争优势也是企业产品的品质和价格。企业绿色创新能力的提升有助于企业获得长期的竞争优势，最终实现企业的长远发展。特别是通过企业绿色创新能力的提升，可以将企业绿色创新战略融入企业发展战略管理之中，通过引进高效的绿色监管体系，不断提升企业的绿色形象。同时，企业能够依靠公共关系管理部门处理和改善与利益相关者的关系，不断提升企业的市场信任度，通过具体的绿色创新活动，为企业赢得更多的社会资源。将社会资源转化为具体的企业利益。

第四节　浙江正泰电器股份有限公司绿色创新实践

浙江正泰电器股份有限公司集团（以下简称正泰集团）始创于1984年，经过近40年的发展，已经成为全球知名的智慧能源解决方案提供商。从经营范围来看，正泰集团积极布局智能电气、绿色能源、工控与自动化、智能家居以及孵化器等"4+1"产业板块，形成了集"发电、储电、输电、变电、配电、售电、用电"为一体的全产业链优势。相关业务遍及140多个国家和地区，截至2019年底全球员工超3万名，相关产品的年营业收入超800亿元，连续18年上榜中国企业 500 强，已成为浙江典型的绿色环保创新性企业。

正泰集团的发展经历了三个阶段：第一阶段（1984～2005 年）是企业的创业阶段。从 1984 年 7 月创立"乐清求精开关厂"开始进入低压元器件产业。从 1993～1997 年，开始进行集团整合与股份制改造。1991 年起成立了中外合资正泰电器。2004 年，进入高压输配电设备产业。第二阶段（2006～2015 年）是企业的绿色转型升级阶段。围绕绿色能源和智能制造开始扩大产品生产范围。其中，2006 年进入光伏产业；2007 年 LPCVD、PECVD、MOCVD 高端设备研发生产；2012 年收购上海新华控制集团；2014 年收购德国 Conergy 公司的光伏组件厂。2016 年入选工信部智能制造示范项目。第三阶段（2016 年至今）是赋能创新阶段。2016 年参股 GPABAT - 石墨烯电池；2017 年收购取得总线技术、储能系统研发应用、建立集团研究院。2017～2020 年，正泰集团顺应现代能源、智能制造和数字化技术融合发展大趋势，以"一云两网"为发展战略，将"正泰云"作为智慧科技和数据应用的载体，实现企业对内与对外的数字化应用与服务；依托工业物联网（IIoT）构建正泰智能制造体系，践行电气行业智能化应用；依托能源物联网（EIoT）构建正泰智慧能源体系，开拓区域能源物联网模式。围绕能源"供给—存储—输变—配售—消费"体系，正泰以新能源、能源配售、大数据、能源增值服务为核心业务，以光伏设备、储能、输配电、低压电器、智能终端、软件开发、控制自动化为支柱业务，打造平台型企业，构筑区域智慧能源综合运营管理生态圈，为公共机构、工商业及终端用户提供一揽子能源解决方案。

案例启示：根据浙江正泰电器股份有限公司进行绿色技术创新案例可以看出：其一，从技术创新的发展过程来看，正泰企业的创新历程分为三个阶段：第一阶段属于典型的绿色产品创新模仿阶段，这一阶段主要模仿国外低端产品技术，并实现国产化，通过低价格的市场优势获得企业利润。第二阶段属于绿色产品创新过渡阶段，这一阶段主要模仿国外中高端产品技术，通过模仿后创新，逐步实现相关产品的国产化；这一阶段的绿色产品技术创新特点在于结合市场和产品特色，生产出符合市场要求的具有市场占有率的产品。第三阶段属于绿色产品自主创新阶段。这一阶段主要针对绿色产品进行自主创新以提升产品的有效性和市场竞争力。这一阶段，企业完全掌握了绿色技术创新的关键技术，并不断完善该技术以获取更大的利润。其二，从绿色创新产品生产过程来看，该企业的早期产品主要围绕普通产品的生产，并未将绿色产品作为企业的发展方向，这主要与当时的企业技术水平和市场竞争情况有关。在这一阶段，企业主要是以经济效益作为企业的发展目标，企业的经济增长是以资本消耗为基础而产生的。随着企业的市场化发展和竞争加剧，企业逐步过渡到智能能源以及节能减排为核心的产品生产。通过绿色创新，产品的质量大幅度提高，市场竞争力大幅度提升，企业获得了跨越式发展。通过绿色转型，产品的绿色品牌效应提高，企业的产品价值进一步提升，同时企业的产品也进一步赢得市场的认可。

第三章　新时代企业战略转型和绿色创新的动力要素研究

习近平总书记在党的十九大报告中明确指出我国社会主要矛盾转化的重大历史性判断，提出中国的经济已由高速增长阶段转向高质量发展阶段。全面建成小康社会和建设社会主义现代化强国的核心问题就是寻求企业和社会经济的高质量发展。在这一时代背景下，整个社会对绿色产品和服务的生产、消费已经成为社会发展的内在需求。同时，绿色产品和服务是全面推进小康社会的重要需求，也是推动国家产业结构高质量发展的重要目标。从经济发展来看，我国的经济已经进入了中高速发展的新常态，网络技术和大数据、人工智能已经极大地改变着我们的思维方式和生活方式。从环境发展来看，资源的耗费使国家的环境保护刻不容缓，而国际化的进程进一步推动了对企业绿色创新的要求。浙江企业战略转型的关键是进行结构的调整，突破企业固有的创新能力，而当前战略转型的主要问题在于企业战略转型所需要的高层次人才结构不合理，创新体制难以适应数字化的发展，较大程度上限制了市场资源的有效配置和流动。从发展方向来看，企业的转型并非单纯为了高额利润完全转行而进入不相关领域；相反，企业的转型应当在企业原有的组织框架中进行合理调整和必要的结构优化。企业转型的目标是实现产品生产的高端化、智能化、绿色化和国际化方向。其中，产品的高端化主要指通过技术创新提升产品的技术含量，提高产品的质量和消费者的感知价值。产品的智能化包括应用无线网络、大数据以及机器人等先进技术，减轻社会劳动。绿色化则强调从原材料到产品制造回收，都是循环、低碳和绿色环保的。国际化则强调产品的销售生产不应仅仅局限在某一区域；相反，应该将市场放到世界，积极吸取先进企业的生产制造技术，加强外部知识的溢出性以提高国内企业的绿色创新的积极性和有效性。

如浙江的西子电梯科技有限公司是西子电梯联合旗下的全资子公司，该企业是一家集电扶梯设计、研发、制造、销售为一体的国内领先的高端电梯企业。作为传统制造型企业，在生产电梯的过程中引入多种先进技术，不断提高绿色化水平，建立了研发中心、生产制造中心、质量检测中心三大平台。通过一系列的质量认证包括 ISO9001 质量管理体系、ISO14001 环境管理体系、OHSAS18001 职业健康安全管理体系国际认证进入高端市场，从而取得转型升级成功。可见，企业绿色转型升级的关键是从要素驱动、投资驱动到创新驱动，紧抓新技术的出现，从而引领新业态、新的商业模式。加快应用包括云计算、物联网等先进技术，推动现代制造业和最新绿色技术、智能技术的融合，加快适应绿色产品的定制化新型生产方式，促进制造业的服务化。

　　首先，需要深入理解企业进行绿色创新活动面临的阻力和激发企业进行绿色创新的动力。企业绿色创新具有双重正外部性，因此系统研究企业绿色创新的驱动因素具有重要的现实意义和理论意义。具体而言，首先，识别企业绿色创新的不同驱动因素，特别是当前相关研究仅关注企业绿色创新的外部驱动因素（如利益相关者压力），而对企业绿色创新的内部驱动因素（如组织的资源和能力、战略导向等）研究尚处于起步阶段。其次，构建企业绿色创新前置因素的整体分析框架，以呈现企业绿色创新的驱动因素全貌。最后，需要加强中国情境下的企业绿色创新驱动因素研究，以提高我国企业绿色创新的水平和推动其扩散，因为不同国家间存在制度距离，使得嵌入其中的企业行为会呈现差异。

第一节　企业绿色创新的内外部驱动因素

　　企业绿色创新与多种因素有关，既有内部因素，也有外部因素。从宏观经济发展层面，企业的绿色转型驱动主要是环境要素，主要包括环境动态性和环境规制。环境动态性对企业的转型发展至关重要，倒逼企业采用合理的资源配置方式加强资源的有效配置，提升企业对外部环境的有效适应能力。环境规制是指企业如果积极进行环境的整治，必然会占用企业的相关发展资源，从而挤兑其他资源用户产品的技术创新和市场营销等，最终影响企业的综合发展。从行业发展的中观层面，产业环境也是重要的影响因素。其一，产业发展的整体态势和产业结构成为企业发展的重要驱动因素，即外部产业环境决定了企业发展的整体方向。其二，企业间的合作关系、市场竞争关系也成为企业战略转型的重要因素。从微观层面，其一，资源因素。由于绿色创新的核心是对资源的有效利用，对环境的保护措施，企业的外部资源成为企业绿色创新的重要保障。其二，组织因素。企业的绿色创新是一个长期实践过程，利润绩效往往和企业的研发策略有关，具体投入多少的研发费用和营销费用成为高层管理团队需要考虑的重要问题。为此，高层管理层级结构、管理模式等都会影响企业绿色创新的有效性。其三，绿色创新归根结底是绿色技术的变革，需要将绿色产品技术引入市场。为此，企业的技术能力将决定企业的绿色创新的有效性。企业的技术基础越高，对于企业的绿色创新越有促进作用。可见，企业的绿色创新行为和绿色发展往往受到外生力量的影响，诸如环境动态性和环境规划等，在外部关系的嵌入下，企业通过科学的组织管理和市场运作，不断提升企业自身的技术水平，从而指导企业有效地进行组织和调配资源。

一、基于直觉模糊的绿色创新因素研究

在判别现有影响企业内外部绿色创新要素的作用上，可以使用层次分析法对不同层次的因素进行归类分析。但是层次分析法往往取决于专家经验，具有较强的主观性，特别是当对两两指标进行重要性赋值时，只考虑到决策者判断的两种极端情况，并未考虑到决策者在动态、不确定性环境下判断的模糊性，所判断的判断矩阵也难以一次性通过一致性检验，并且指标调整相对比较困难。为此，Van Laarhoven 和 Pedrycz（1983）提出了将层次分析法模糊化处理思想。Buckley（2004）则进一步提出用模糊层次分析法进行模糊分层次评级从而避免某些模糊因素，相比传统的层次分析法，模糊分析更加客观、精准。直觉模糊集是模糊集相关理论的延伸，包含三种状态，即隶属度、非隶属度、犹豫度，分别表示专家决策的支持、反对和中立的态度。可以更加准确地刻画指标的模糊性和不确定性。相比传统的模糊集，直觉模糊集具备三种不同的状态，具有更强的表达能力，更加符合人在判断过程中的逻辑思维，其主观判断的准确性进一步提高。针对企业进行绿色创新时可能存在的绿色创新的各个要素，本章将利用直觉模糊层

次分析法确定企业绿色技术创新的指标权重，并结合模糊综合评价对各个指标做出最终评价。

　　企业进行绿色创新的前提是准确识别可能的潜在风险因素，促使项目管理更加合理科学，常用 Delphi 法向绿色创新研究、风险管理研究的教授发放问卷并开展调研，识别可能出现的风险，并对结果进行归纳总结。根据对浙江省众多企业进行绿色创新的调研结果，最后得到可能的风险因素为环境因素。主要包括政治环境、经济环境、文化环境、社会环境、自然环境变迁带来的风险因素。从外部环境来看，由于调控需要，政府可能强行征用项目资源，这可能导致项目资源国有化风险。当自然条件发生巨大变化时，可能对企业的绿色创新行为产生自然环境风险。当政策调整对项目本身产生强烈反对时也可能产生政治上的强烈反对。此外，由于国家外部政局不稳也可能发生大规模社会变动，甚至某些人力无法干预的因素都可能产生不可抗性的风险。

　　合同和法律风险。主要是在企业绿色创新过程中，由于国家法律、法规变动导致企业同其他企业在签约合同条款遗漏、具体合同条款内容签订错误、合同类型选择不合适、合同不完善引发的纠纷等也是常见的风险因素。此外，由于绿色多方原因导致的绿色创新合同中断也是造成合同风险的重要因素。由于绿色创新中涉及到排污问题，也可能出现道德风险等，也需要从法律层面上予以调整。

　　组织和管理风险。在项目实施过程中，由于组织机构不健全，或组织管理的不完善抑或是管理者或协同者的素质存在较大的差异，使得协作一开始就存在着较大的组织风险隐患，加剧了绿色创新项目失败的可能性。此外，针对绿色创新项目管理不恰当、协调沟通不合适等都大大提高了导致项目失败的可能性。

　　财务风险。由于企业进行绿色创新项目时在实施过程中的资金投入、成本预算和控制、融资等方面存在的不确定而导致的项目实施失败的可能性。特别是由于成本严重超支直接可能导致绿色创新项目出现失败。此外，项目投资的前景有限导致项目的实际市场收益率低于预期，以及资金费用支付过程中的延期引发现金流缺失都可能导致企业绿色项目的失败。本章拟采用成本超支、融资能力弱、投入机制不合理等指标。

　　技术风险。由于项目技术存在的可替代性，这往往和项目在功能设计阶段缺乏前瞻性导致该技术难以大规模推广所造成的风险。此外，项目技术在论证过程中由于成熟程度、理论设计的完整性以及在项目实施过程中，协同方技术转移不流畅导致项目进度受到阻碍等也可能带来一定的技术风险，导致绿色技术难以有效地应用于项目实践。

市场风险。市场的变化可能在于外部环境的变化，也可能是行业整体供需环境发生变化致使市场收入减少所引起的，甚至可能是消费者行为习惯等发生了变化所导致的。特别是企业由于营销能力较差，导致企业的绿色产品无法在市场上大规模推广，即使企业的绿色产品存在技术优势也可能难以获得市场的认可。此外，由于绿色产品的生命周期过短、更新过快、市场的潜在竞争对手加剧了市场竞争以及激烈的价格战等因素都可能导致企业绿色创新的失败。可见，市场风险的类型和具体内容更加广泛。

生产风险。生产风险是由于生产时产业方的各种设施不完善、绿色生产材料不足以及绿色产品生产能力不足等造成的绿色创新项目意外损失的可能性。此外，由于企业在生产产品时需要有效地生产绿色配套设施，当项目相关的绿色生产的基础设施不到位也可能造成绿色产品和项目的损失。

根据上述可能存在的风险类型，本章将企业进行绿色创新项目存在的各类市场风险分别用风险类型和风险因素表示（见表 3-1）。

表 3-1　企业进行绿色创新项目时各类协同创新风险

风险类型	风险因素
环境风险 x_1	自然环境风险 x_{11}，政治风险 x_{12}，经济环境 x_{13}，环境污染风险 x_{14}
合同和法律风险 x_2	合同纠纷 x_{21}，税收政策 x_{22}，法律风险 x_{23}，产业调整 x_{24}
组织和管理风险 x_3	组织协调能力 x_{31}，信息分享情况 x_{32}，管理能力 x_{33}，组织机构风险 x_{34}
财务风险 x_4	资本投入风险 x_{41}，成本风险 x_{42}，融资风险 x_{43}，市场收益风险 x_{44}
技术风险 x_5	技术成熟程度 x_{51}，技术替代程度 x_{52}，技术保密风险 x_{53}，技术衔接风险 x_{54}
市场风险 x_6	市场规模风险 x_{61}，营销前景 x_{62}，产品生命周期 x_{63}，市场竞争 x_{64}
生产风险 x_7	材料和资源供应 x_{71}，生产结构 x_{72}，生产配套 x_{73}，生产能力 x_{74}

1. 构建风险直觉模糊模型

根据直觉模糊相关定义，如下所示：

定义 1：设 $X = \{X_1, X_2, X_3, \cdots, X_n\}$ 为非空有限集，则称 $A = \{< x, u_A$

(x)，$v_A(x) > |x \in X|$ 是 X 上的一个直觉模糊集，其中 $u_A(x)$ 和 $v_A(x)$ 分别为元素 x 属于 X 的隶属度和非隶属度。显然存在

$$u_A : X \to [0, 1], \ x \in X \to u_A(x) \in [0, 1] \tag{3-1}$$

$$v_A : X \to [0, 1], \ x \in X \to v_A(x) \in [0, 1] \tag{3-2}$$

且满足条件：$0 \leqslant u_A(x) + v_A(x) \leqslant 1, \ x \in X$

此外，$\pi_A(x) = 1 - u_A(x) - v_A(x)$，$x \in X$ 表示元素 x 属于 A 的犹豫度或不确定度。如果 $\pi_A(x) = 0$，则 $u_A(x) + v_A(x) = 1$，此时集合 A 退化为 Zadeh 的模糊集（Scmidt and Kacprzyk，2000）。

2. 构建直觉模糊判断矩阵

定义 1：设评价指标集合为 A，$A = (a_1, a_2, \cdots, a_n)$，两两比较指标 a_1，$a_2, \cdots, a_n$ 的相对重要性程度，得到直觉判断矩阵 $E = (a_{ij}^{(k)})_{n \times n}$。其中，$a_{ij} = (u_{ij}, v_{ij})(1, 2, \cdots, n)$；$u_{ij}$，$v_{ij}$ 分别表示专家将指标 a_i 和 a_j 两两对比时所给的相对重要性程度，$1 - u_{ij} - v_{ij}$ 是专家决策的犹豫度。如果满足 $u_{ij} \in [0, 1]$、$v_{ij} \in [0, 1]$、$u_{ij} = v_{ji}$、$u_{ji} = v_{ij}$、$u_{ii} = v_{ii} = 0.5$、$u_{ij} + v_{ij} \leqslant 1(i, j = 1, 2, \cdots, n)$，则称 E 为直觉互补判断矩阵。为了表明指标的相对重要程度并进行定量的描述，定向指标的相对重要程度表示如表 3-2 所示。

表 3-2　指标相对重要性程度标度

指标重要性说明	直觉模糊度
因素 i 与因素 j 相比极端重要	(0.90, 0.10, 0.00)
因素 i 与因素 j 相比重要很多	(0.80, 0.10, 0.10)
因素 i 与因素 j 相比明显重要	(0.70, 0.20, 0.10)
因素 i 与因素 j 相比略微重要	(0.60, 0.30, 0.10)
因素 j 与因素 i 相比同等重要	(0.50, 0.50, 0.00)
因素 j 与因素 i 相比稍微重要	(0.30, 0.60, 0.10)
因素 j 与因素 i 相比明显重要	(0.20, 0.70, 0.10)
因素 j 与因素 i 相比重要很多	(0.10, 0.80, 0.10)
因素 j 与因素 i 相比极端重要	(0.10, 0.90, 0.00)

检验直觉模糊互补判断矩阵的一致性。本章提出运用直觉模糊层次分析法确

定指标权重依然无法避免人为决策的主观性，为使决策更具民主性和科学性，本章采用群决策模型，即邀请多位专家对各指标关于上层目标层的重要性进行两两比较，从而建立直觉互补判断矩阵。综合各位专家的意见，对群决策下的直觉互补判断矩阵进行一致性检验。

定义 2：设 $\alpha_1 = (\mu_{\alpha_1}, v_{\alpha_1})$ 和 $\alpha_2 = (\mu_{\alpha_2}, v_{\alpha_2})$ 是直觉模糊数，$\overline{\alpha}_2 = (\mu_{\alpha_2}, v_{\alpha_2})$ 是 α_2 的补假，λ 为大于等于零的实数，α_1 和 α_2 的标准 Hamming 距离与相似度公式分别为：

$$d(\alpha_1, \alpha_2) = \frac{1}{2}(\,|\mu_{\alpha_1} - \mu_{\alpha_2}| + |v_{\alpha_1} - v_{\alpha_2}|\,) \qquad (3-3)$$

$$\eta(\alpha_1, \alpha_2) = \begin{cases} 0.5 & \alpha_1 = \alpha_2 = \overline{\alpha}_2 \\[2mm] \dfrac{d(\alpha_1, \overline{\alpha}_2)}{d(\alpha_1, \alpha_2) + d(\alpha_1, \overline{\alpha}_2)}, & \text{其他} \end{cases} \qquad (3-4)$$

定义 3：设 $Q_k = (q_{ij}^{(k)})_{n \times n}(k = 1, 2, \cdots, l)$ 为专家 $e_k(1, 2, \cdots, l)$ 给出的直觉模糊互补判断矩阵，其中 $q_{ij}^{(k)} = (u_{ij}^{(k)}, v_{ij}^{(k)})(i, j = 1, 2, \cdots, n; k = 1, 2, \cdots, l)$，$Q = (q_{ij}^{(k)})_{n \times n}(k = 1, 2, \cdots, l)$ 的集成记作 $Q = (q_{ij})_{n \times n}$。其中，$q_{ij} = (u_{ij}, v_{ij})$；$u_{ij} = \sum\limits_{k=1}^{l} \theta_k u_{ij}^{(k)}$；$v_{ij} = \sum\limits_{k=1}^{l} \theta_k v_{ij}^{(k)}$；$u_{ij} = v_{ji} = 0.5(i, j = 1, 2, \cdots, n)$；$\theta_1, \theta_2, \cdots, \theta_k$ 为 k 个专家的评价权重。则 Q_k 与 Q 的相似度公式是：$\eta(Q_k, Q) = \frac{1}{n^2} \sum\limits_{i=1}^{m} \sum\limits_{j=1}^{m} \eta(q_{ij}^{k}, q_{ij})$。若 $\eta(Q_k, Q) > 0.5$，则 Q_k 与 Q 符合一致性。

3. 确定指标的权重值

（1）一级指标权重的确定。

定义 1：设 $\alpha = (\mu_\alpha, v_\alpha)$ 是直觉模糊数，$\mu_\alpha \in [0, 1]$，$v_\alpha \in [0, 1]$，$\mu_\alpha + v_\alpha \leqslant 1$。为使权重的计算更加简便，可以把直觉模糊判断矩阵转换为直觉模糊数，转换公式为：

$$(\omega^{(l)})^T = [\omega_1^k, \cdots, \omega_n^k] = \left[\frac{\sum\limits_{j=1}^{n} \alpha_{1j}^{(k)}}{\sum\limits_{i=1}^{n} \sum\limits_{j=1}^{n} \alpha_{ij}^{(k)}}, \cdots, \frac{\sum\limits_{j=1}^{n} \alpha_{nj}^{(k)}}{\sum\limits_{i=1}^{n} \sum\limits_{j=1}^{n} \alpha_{ij}^{(k)}}\right] =$$

$$\left[\left(\frac{\sum\limits_{j=1}^{n} u_{1j}^{(k)}}{\sum\limits_{i=1}^{n}\sum\limits_{j=1}^{n} u_{ij}^{(k)}}, \frac{\sum\limits_{j=1}^{n} v_{1j}^{(k)}}{\sum\limits_{i=1}^{n}\sum\limits_{j=1}^{n} v_{ij}^{(k)}}\right), \cdots, \left(\frac{\sum\limits_{j=1}^{n} u_{nj}^{(k)}}{\sum\limits_{i=1}^{n}\sum\limits_{j=1}^{n} u_{ij}^{(k)}}, \frac{\sum\limits_{j=1}^{n} v_{nj}^{(k)}}{\sum\limits_{i=1}^{n}\sum\limits_{j=1}^{n} v_{ij}^{(k)}}\right)\right] \tag{3-5}$$

定义 2：设 ξ_1，ξ_2，$\cdots$，ξ_k 为 s 个专家的评价权重，则加权直觉模糊数的公式为：

$$\theta^T = (\theta_1,\ \theta_2,\ \cdots,\ \theta_k) = (\xi_1,\ \xi_2,\ \cdots,\ \xi_s)\begin{bmatrix} \delta_1^{(1)}\delta_2^{(1)}, & \cdots, & \delta_n^{(1)} \\ \delta_1^{(2)}\delta_2^{(2)}, & \cdots, & \delta_n^{(2)} \\ \delta_1^{(s)}\delta_2^{(s)}, & \cdots, & \delta_n^{(s)} \end{bmatrix} =$$

$$\left[\sum_{k=1}^{s} \xi_s \delta_1^{(k)}, \sum_{k=1}^{s} \xi_s \delta_2^{(k)}, \cdots, \sum_{k=1}^{s} \xi_s \delta_s^{(k)}\right] \tag{3-6}$$

即可计算一级指标权重，公式是：$H(\theta_i) = \dfrac{1 - v_i}{2 - u_i - v_i}$；经归一化得到：$\sigma_i = \dfrac{H(\theta_i)}{\sum\limits_{j=1}^{n} H(\theta_i)}$ $(i = 1,\ 2,\ \cdots,\ n)$。

（2）二级指标权重的确定。

定义 3：设专家 $s_k(1,\ 2,\ \cdots,\ l)$ 对二级指标 b_i 和 b_j 相对于一级指标 $E(E = 1,\ 2,\ \cdots,\ n)$ 的直觉模糊判断矩阵是：$B_A^{(k)} = (b_{E_{ij}}^{(k)})_{m \times m}$，$b_{E_{ij}}^{(k)} = (u_{E_{ij}}^{(k)},\ v_{E_{ij}}^{(k)})$。

其中，i，$j = 1,\ 2,\ \cdots,\ m$；$k = 1,\ 2,\ \cdots,\ l$；$E = 1,\ 2,\ \cdots,\ n$。$u_{E_{ij}}^{(k)}$ 和 $v_{E_{ij}}^{(k)}$ 分别表示专家 $s_k(1,\ 2,\ \cdots,\ l)$ 对二级指标 b_i 和 b_j 相互对比的重要程度，通过计算可以得到专家对二级指标的评价权重。对一级指标权重相对于的二级指标权重进行综合加权：$\delta^{(2)} = (\delta^{(1)})^T \delta$，得到二级指标的综合权重。

4. 直觉模糊综合评价法

计算出每个风险因素的权重后，需要对风险做出最终评价，由于评价指标很多为定性指标，本节拟采用模糊综合评价法，其基本思想是运用模糊集理论对待评估对象进行综合评价。设其模型为：$X = \delta \times M$。其中，X 为综合评价向量；δ 为根据直觉模糊层次分析法所求的指标权重向量；M 为评价指标矩阵。具体评价过程表示为：

（1）确定评价等级集合，设置每个等级的相应得分值，分值表示该等级在质量评估中的重要性。

（2）确定评价矩阵，即专家确定各指标在各个评价等级中所占比重。评估

对象的评价矩阵为：$M = \begin{Bmatrix} e_{11} & e_{12} & \cdots & e_{1m} \\ e_{21} & e_{22} & \cdots & e_{2m} \\ e_{n1} & e_{n2} & \cdots & e_{nm} \end{Bmatrix}$。其中，$e_{kj}(j = 1, 2, \cdots, m; k = 1,$

$2, \cdots, n)$表示一件待评估专利在指标$m_i(i = 1, 2, \cdots, n)$上隶属于第 m 等级所

占比重，$\sum\limits_{j=1}^{m} e_{kj} = 1$。

（3）综合评价向量。运用公式 $X = \delta \times M = \{X_1, X_2, \cdots, X_m\}$得到综合评价

向量 X。

（4）计算每一位专家对一件专利的最终综合得分：$S = V \times X^T$。

（5）综合各位专家对一件专利的评分：$P = (\xi_1, \xi_2, \cdots, \xi_l)$

$(S_1, S_2, \cdots, S_l)^T$。其中：$\xi_l$表示专家权重；$S_l$表示对应专家的综合评分。

二、研究结论

根据直觉模糊风险模型可知，对绿色创新风险进行有效识别、准确评估对企业绿色创新活动必不可少。因此，绿色创新风险的分担需要秉持几个原则：其一，绿色创新项目风险是一个系统工程，企业需要尽可能分散各种风险，在绿色技术创新过程中，通过团队合作降低市场风险，并且积极和政府等合作，提高抗风险能力。其二，企业在进行绿色创新过程中，除了传统的技术研发风险，还存在环境风险，这就需要企业在承担创新风险时，应准确衡量环境风险，并将其作为最重要的外部变量，通过强制性或非强制性活动降低市场风险。其三，绿色创新需要政府—企业—其他机构形成绿色创新的产学研体系，各方承担的风险和各方存在的相关权利——对应，即各方如果享有的权利较高，则其承担的风险比例也应当较高。当然，由于各方承担的风险内容和范畴各不相同，特别是各方抗击风险的能力存在着一定的差异。为此，各方承担的风险还需要与企业自身能力一致。其四，政府—企业—其他机构形成绿色创新各方承担的风险和各方对协作内容的控制相匹配。即由于各方协作时对协作方的内容要求、实质等存在着一定的指标，为此，各方需要有效协商好风险的应对措施以降低风险。其五，企业绿色

创新风险的产生往往与当时的绿色创新外部环境有关。随着外部环境的变化，风险也将产生一定的变化，故各方协作时需要遵循有效的风险动态原则，即通过动态活动有效监控风险的变化从而降低风险。

第二节　企业绿色创新的扩散机制

企业绿色创新的实质是将资源节约和环境保护理念融入创新的具体环节，以期在产品生产和消费的各层次、各领域、各过程实现绿色、节约、环保和可持续。可持续的绿色创新就需要企业加快绿色技术的实际应用，提升企业的经济效益。当企业的某项创新技术得到市场应用并取得远高于平均市场率的利润时，其他低于该利润的企业往往会通过模仿行为，直接或间接模仿该项产品技术并应用于自身产品生产，不断提高企业产品的利润率即技术扩散。可见，企业技术扩散的过程是某种技术得到企业的广泛推广和应用，从而引起市场的大规模模仿行为。从整个行业来看，企业的技术创新只有通过技术扩散才能真正发挥作用，提升整个行业的技术水平和市场效益。技术扩散对技术创新起到显著的放大和传导作用。从狭义来讲，技术扩散指的是先进生产技术通过市场途径或非市场途径进行技术传播的活动，从而使其他企业获得该项技术或部分获得该项技术的过程。这反映了企业对新产品或新工艺进行持续学习和改进的全过程。从广义来讲，任何先进的生产技术被其他个人或组织获取并采用的过程都属于技术扩散的过程。通过技术扩散，企业能够有效掌握当前市场最新的技术，并对现有技术进行模仿性创新以取得积累性进步。技术扩散使不同企业间的市场竞争更加激烈，产品的差异化程度进一步缩小。已有研究表明技术扩散会在相对较短的时间距离内衍生地理上集聚的新企业，并围绕该项技术加快产品的生产，从而形成持续创新的过程和产业的集聚效应。技术扩散往往和企业间的地理距离或者社会距离有关，一般而言，距离越近，技术扩散效应越明显，空间集聚性越强，越容易形成规模化的信息产业集群。特别是处于中近距离的技术扩散更有利于新企业在技术上采用更具颠覆性的生产技术和工艺，加快产品的更新换代。技术扩散的过程实质是信息传播和学习的过程，2004 年，罗杰斯与休梅在《创新的扩散》一书中指出，技术创新的供给方是技术创新扩散起始环节，随着企业对技术的推广应用，潜在用户开始使用新的技术并变成新用户，影响其他潜在用户。绿色技术创新扩散同样是一个技术扩散的过程，其实质是贝叶斯学习过程，即企业的创新之处首先需要模仿学习，根据已有的经验对新技术和新成果进行学习，通过模仿学习和干中学，不断加强绿色技术的市场应用与推广，从而进行有效的技术扩散。

一、社会距离的影响

社会距离指的是社会网络中节点和节点之间的亲密程度，是社会网络组成节点之间彼此进行交往的意愿程度和关系的紧密程度。社会距离和空间距离密切相关，一般来说，空间距离越远，社会距离越远。Haugerstrand（2008）研究表明技术创新扩散以创新的来源为中心，并随着距离的扩大而向四周扩散。随着技术的发展与应用，技术创新扩散的强度也将越来越弱。社会距离的存在使得企业能够通过技术扩散向任意方向进行技术溢出，并形成相关的技术扩散衍生群，表现出明显的时间距离的邻近性。在网络扩散中，某些空间距离遥远、但异质性较强的人际交往链在信息传播方面也具有相对的优势，这些相应的弱连接为网络内部注入了活力，也促进了创新的扩散。根据扩散行为，本章提出了利用人工智能网络模型来分析。

人工神经网络（Artificial Neural Network）是模拟人脑的神经网络结构并进行理论抽象、简化和模拟而构成的复杂信息系统，具有非线性映射和自适应学习等特征。同时，它是一种超大规模的连续时间的动力系统，具有高维性、非平衡性、自适应性等特点。BP（Back Propagation）神经网络是由 Rumelhart 和 McClelland 于 1986 年基于误差反向传播算法所提出的多层前向网络，其核心是通过 Sigmoid 可微函数实现信息输入、输出的一种非线性映射，也是目前应用最为广泛的神经网络模型之一。BP 神经网络的基本原理在于通过输入—输出模式映射将学习和反馈相联系，通过某些规则如最速下降法进行学习，并通过反向传播不断调整该网络的阈值和权重，最终使网络的误差平方和最小。张素芹（2015）针对传统 BP 神经网络在未知环境下机器人路径规划和避障算法中存在的权值调节收敛速度慢、易陷入局部极小值、网络结构不稳定的问题，基于权值调节收敛速度和学习率之间的关系，通过具体的调节因子对 BP 神经网络进行改进，以实现智能壁障控制。BP 神经网络具有可靠的算法依据,其推导过程较为严格,由于使用了最速下降策略,其精度很高,广泛应用于函数逼近、模式识别/分类、数据压缩等,并且能用于大多数学习状况,其泛化能力较好。

1. 神经网络算法原理

BP 神经网络具备良好的非线性逼近能力,在模式识别方面具备良好的多层感知能力。BP 神经网络的主要拓扑结构由一个输入层、多个隐含层、一个输出层组成,每层的节点数目可以根据具体实际应用来确定。输入层每个节点用 x_i($i = 1$,2,$\cdots$,n)表示;隐含层的每个节点用 y_i($i = 1$,2,$\cdots$,n)表示;输出层用 $W_1 \cdots W_k \cdots W_l$ 表示;终端用 $O_1 \cdots O_k \cdots O_l$ 表示。BP 神经网络主要是根据采样数据集对网络进行相应的训练,然后通过不同层之间大的连接权值矩阵进行调节和反馈。"层—层"通过节点间的信号传输相联系,每一个节点的信号输出数值通过输入数值、作用函数等确定,信号的传导包含正向信息传播和误差逆向反馈传播过程:信号通过输入层不同节点经过隐含层传导到输出层。信号到达输出层后会和期望值相比较,如果存在一定的误差,则将信号沿 BP 神经网络逆向传播并予以矫正,直到网络输出层的权重值为 0(见图 3 – 1)。神经网络的输出过程可以构建为前向输入模型和反向传播模型,具体如下:

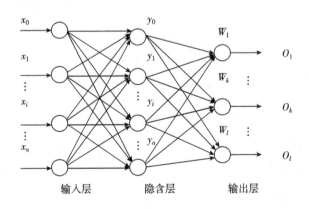

图 3 – 1 BP 神经网络的信号传输层级结构

2. 神经网络的前向输入模型

假设神经网络输出层神经元 u 的输入为 W_u($u \in 1$,2,$\cdots$,n),输出为 y_u

（$u \in 1$，2，…，n），输出层中每个神经元的输入值是隐含层中每一个神经元的输出与连接权值之后的求和后的乘积。其中，ω_{ui} 为输出层神经元 u 和隐含层神经元 i 间的连接权值，ω_{iv} 是隐含层神经元 i 和输入层神经元 v 之间的连接权值。

$$W_u = \sum_i \omega_{ui} y_i \qquad (3-7)$$

$$y_u = f(W_u) \qquad (3-8)$$

其中，$f(W_u)$ 是神经元 u 的激活函数，该激活函数和输入效率密切相关。

针对神经网络的隐含层，构建如下信号模型：

$$W_i = \sum_i \omega_{iv} y_i \qquad (3-9)$$

$$y_i = f(W_i) \qquad (3-10)$$

利用 Sigmoid 函数作为神经元的激活函数，则输出层的激活函数可以定义为：

$$f(W_i) = \frac{1}{1 + e^{-(W_u + V_u)/k_s}} \qquad (3-11)$$

其中，V_u 是神经元 u 的阈值；k_s 是控制函数 Sigmoid 的斜率。

3. 神经网络信号误差的反向传播模型

根据神经信号传导模型，BP 神经网络在信号传输中，会根据传输的误差进行反向传播，其目的在于修正连接权值 ω_{ui} 和 ω_{iv} 并使误差达到最小化。因此，连接的信号权值需要从信号减少输出层的误差方向进行相应的反馈调节。

假设 BP 神经网络在输入模式 x_n（n 为输入的神经元节点数目）的信号传导作用下，如果输出层的第 k 个神经元期望输出值是 e_{nk}，则该神经元经过信号调节，其实际输出值是 y_{nk}，则神经网络输出层的实际输出和理论输出的方差 E_n 为：

$$E_n = \frac{1}{2} \sum_k (e_{nk} - y_{nk})^2 \qquad (3-12)$$

BP 神经网络的隐含层神经元 n 的输出信号为 y_{ni}，其中，θ 为学习率；$\Delta_k \omega_{ui}$ 是修正权重值；ε_{iu} 是学习规则中神经元 u 的误差值。则 BP 神经网络输出层神经元 u 和隐含层神经元的权值修正模型可以定义为：

$$\Delta_k \omega_{ui} = \theta \varepsilon_{iu} y_{ni} \qquad (3-13)$$

根据该数学模型可知，当 BP 神经网络的信号传导学习率保持不变时，将无法适应学习过程中所面临的复杂环境变化。过高的学习率也将使系统趋于不稳定。然而，在人工智能条件下，学习率可以随机调节，从而保证误差值趋向于最低值，防止系统传输的不稳定，从而改善学习效果，加快学习的全部过程。这一学习过程集中体现在信号的全部传输环节。人工智能的最大特点是依据通用的学习策略，有效读取海量的信号"大数据"，并从中自我学习进行有效决策。即人工智能有效地运用了信号传导的全过程，特别是通过信号从输出层到输入层的逆向反馈，根据反馈信号不断发现传导信息的误差，并及时通过输入层予以校正，经过若干次"输入—隐含—输出—隐含—输入"的信号反复循环，信号从不同层之间传播所引起的传输误差 Δ_k 越来越小，最终达到符合输出的期望值。

根据 BP 神经网络模型传播过程可以看出，信号的传导加快了创新扩展的过程，而社会媒介化推动了信号的传导，使创新扩散的方式更多。通过信号反馈修正，企业通过绿色技术创新扩散可以最大限度地利用有限的资源加速经济增长，促进资源的优化配置。特别是由于绿色产品具有其特殊性，企业对绿色技术的选择或者消费者对绿色产品的选择成为绿色创新扩散的动力。为了增加产品的绿色效用，企业总会选择成本更低的绿色技术。随着绿色新技术的广泛应用，技术扩散范围越来越广，从而促进了社会经济的增长。同时，由于企业或个人在绿色产品创新过程中不断调整产品规模等也会使绿色创新过程成为一个动态变化的过程。

一方面，企业技术扩散的过程利用 BP 神经网络的非线性网络结构快速获取相关知识数据，并根据相关知识数据进行自动调整，有效地将准确信号从输入层传导至输出层；另一方面，企业扩散网络可以经过反复自我学习对信号传导能力予以提高，根据相关 Sigmoid 算法进行必要的信号传导的反复校正，经过多次循环校正，减少期望的传导误差，从而不断加强信号传导的精准性，而绿色技术创新扩散则是将绿色信号传导输出的过程。

二、绿色创新扩散的要素及其影响

1. 绿色创新扩散的基本要素

绿色创新扩散的基本要素主要包括：绿色创新扩散主体，绿色创新扩散客体，绿色创新扩散方式，绿色创新扩散环境等（见图 3 - 2）。其中，绿色创新扩散主体指的是将绿色创新传播出去的企业或组织，是绿色创新的输出方。绿色创新扩散客体指的是企业将创新扩散的具体对象，主要是指企业在绿色创新扩散过程中被传播、推广的创新技术本身。绿色创新扩散方式包括直接扩散和间接扩散。其中，直接扩散主要是企业通过绿色技术的受让直接进行绿色创新的扩散；间接扩散主要是指绿色创新的间接传播等，即企业通过其他途径将绿色创新的相关技术或活动向其他受众进行传播的过程。绿色创新扩散环境主要包括宏观环境和微观环境。其中，宏观环境主要是指国家和社会层面的环境要素，具体包括法律法规、政策规划、文化制度等。微观环境主要是指企业本身的组织架构、技术环境、人力资源等。空间扩散理论认为，影响技术空间扩散强度的主要因素是空间距离。一项技术发明可以像波浪那样先近后远地进行扩散。扩散的具体过程可以采用波浪式或者等级式进行描述。企业绿色创新同样满足相应的扩散方式，并且在中、近距离和远距离进行扩散。由于绿色创新涉及到企业创新的方式，因此，其方位和距离都是随机性的。在采用方式上，临近扩散往往以新企业模仿扩散源的绿色技术为主，而中、近距离则以存续企业对原绿色技术进行二次开发形成的颠覆性绿色创新技术为主。

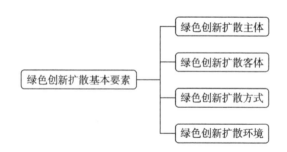

图 3 - 2　企业绿色创新扩散的基本要素

2. 绿色创新扩散的具体做法

企业绿色创新扩散的内容包括新技术、新方法、新理念。首先，企业通过生产绿色创新产品直接占领消费者市场，此时，企业的绿色技术成果往往并不是扩散的，发生扩散的只是绿色产品，即通过绿色产品扩向整体市场。当整体市场逐步接受该绿色产品后，围绕该绿色产品的相关绿色工艺技术、绿色生产技术都会逐步获得市场的认可以及用户的传播。其次，企业可能利用绿色创新技术成果直接进行生产和销售产品，此时，绿色创新扩散受到一定的外部条件限制，包括绿色技术水平、绿色工艺水平等与市场的认可度、政府监管都有关系，而且由于很多技术涉及保密，绿色技术的核心技术往往难以有效扩散，此时的绿色技术扩散就需要处于模仿地位的企业通过各种方式加强与技术创新企业的学习。这表明绿色创新需要有一定的时间限定。最后，企业可以将相关的绿色技术成果直接转让或授权等进行绿色技术扩散，通过转让和授权让其他企业能够掌握相关的绿色技术，最终实现有效的绿色扩散。绿色创新扩散往往和产品或市场的规模有关，产品或市场的规模越大，此时，企业绿色创新扩散速度也相对越高。

企业在进行绿色创新扩散过程中体现在很多企业围绕着某一掌握绿色技术的企业进行扩散。即最先掌握相关的绿色技术的企业成为扩散源，围绕扩散源在地理空间和社会空间上形成一个社会网络。一方面，地理空间所产生的距离直接影响企业是否有效利用某一企业创新扩散产生的绿色技术，从而形成有效的绿色扩散邻近效应。另一方面，社会空间也使得某些具有壁垒性的绿色技术出现扩散的任意性和距离的随机性。根据调查显示：传统制造型企业包括冶金、化工等产品更容易受到地理空间的影响，一般超过80%的专利许可都发生在1000公里以内，地理空间对传统行业绿色扩散具有显著性的影响，通过科技资源的集中企业在绿色扩散过程中形成行业优势。新兴战略性产业包括电子、生物、新型能源等企业更容易受到社会距离的影响。在绿色扩散中更容易因为人等因素受到影响。此外，绿色创新扩散是一个动态过程。在创新扩散初期，绿色创新技术一般应用率比较低，而随着时间的推移，其他企业对该产品的利用率或者市场认可率逐步提高，采用者会逐步增加，使绿色创新扩散速度逐步提高。可见，在通常情况下，绿色创新扩散对经济效应有明显的传导和放大作用。正确认识空间效应和社会效应维度对认识绿色技术创新对企业的影响至关重要。

第三节　基于复杂网络的绿色创新扩散模型构建

近年来，随着复杂网络的研究取得重大突破，越来越多的学者利用复杂网络理论来研究社会网络。复杂网络指的是由数量巨大的节点和节点之间错综复杂的关系构成的网络结构。1998年，Watts和Strogatz首先提出了"小世界网络"模型。1999 年，Barabasi 和 Albert 提出了无标度网络模型。人们把具有小世界、无标度这些特性的网络定义为复杂网络。随着复杂网络的研究深入，复杂网络的应用也渐渐备受关注，已经逐渐从数学领域渗透至经济、管理等多个不同领域，研究者分别从不同角度解读复杂网络的特征和现实意义。如，通过对这些在线 SNS 网络用户的数据进行分析，发现这些用户关系网络具有典型的复杂网络特征：无标度、小世界性、聚集系数高。钱学森给出复杂网络的严格定义，即具有自组织、自相似、吸引子、小世界、无标度中部分或全部性质的网络称为复杂网络。复杂网络已经成为有效地描述和解决现实问题的重要工具。从绿色技术扩散的结构来看，不同企业间通过空间距离的影响，将产品生产技术扩散到其他地区。从而在相对较短的时间内在一定空间和时间距离内衍生地理上集聚的新企业。特别是绿色创新扩散涉及到对环境的监管，政府或行业机构会选择有效的方式向与创新企业进行知识的扩散，而不同的企业间进行绿色创新过程中一旦掌握了相关的绿色技术，也会形成扩散源，逐步向外围进行绿色扩散。最终不同企业形成了不同类型的绿色技术创新源，而绿色扩散过程中各个企业间的联系形成了网络的"边"。最终，不同类型的企业在绿色技术创新扩散过程中形成了一个庞大的复杂网络。

最近研究发现，复杂网络的拓扑结构很大程度影响复杂网络的传播行为。Pastor – Satorras 和 Vespignari（2012）建立了无标度复杂网络中的病毒扩散模型，并分析了病毒传播的特性。1927 年，Kermack 与 McKendrick 在研究黑死病时首次提出了 SIR（Susceptible Infected Removed）模型，其中，S 态表示易感态，即该状态体的节点易被感染；I 态表示感染态，可以感染其他为 S 态的个体；R 态为移除态，表示该节点从 I 态恢复为 R 态，并且不会转变为 I 态或 S 态。在此基础上，本节分别运用 SIR 模型和 SIS 模型阐述企业绿色创新的扩散机理。即认为企业绿色创新的扩散过程与之类似。

一、SIR 知识传播模型

在任意的时间 t，如果 S 态节点和 I 态节点相连接，则 S 态节点以一定概率 α 变成 I 态节点。同时，I 态节点也以一定的概率 β 变成 R 态节点，定义感染强度

为 $\lambda = \dfrac{\alpha}{\beta}$。这里，认为 λ 是知识的传播强度。用 $S_t(k)$，$I_t(k)$，$R_t(k)$ 分别表示在某一时间 t，所有度数为 k 的节点中处于 S、I、R 态的节点的比例或密度，则 SIR 传播模型的传播过程可以用下面的传播微分方程组表示：

$$\frac{dS_t(k)}{dt} = -\lambda k S_t(k)\varphi(t) \tag{3-14}$$

$$\frac{dI_t(k)}{dt} = \lambda k S_t(k)\varphi(t) - I_t(k) \tag{3-15}$$

$$\frac{dR_t(k)}{dt} = I_t(k) \tag{3-16}$$

$$S_t(k) + I_t(k) + R_t(k) = 1 \tag{3-17}$$

$$\varphi(t) = \frac{I_t(t)\sum\limits_k kp(k)}{\overline{k}} \tag{3-18}$$

其中，k 表示网络中某个节点的连接度，$\overline{k}$ 表示网络的平均度，$p(k)$ 表示网络的度分布函数，$\varphi(t)$ 表示在网络中，随机选择一个节点，其和知识传播节点相连的概率。根据 SIR 模型，其中方程（3-13）反映了某一时间 t，易受外部知识影响的群体比例。方程（3-14）反映了这部分知识群体进行知识传播影响其他知识群体的比例，与知识传播系数成正比。方程（3-15）反映了知识移除态所占的比例。方程（3-16）反映了在该复杂网络系统中，群体比例虽然动态变化，但总体比例为 1。方程（3-17）则反映了知识传播节点随移除态与节点连接度的比例之间的关系。

二、SIS 知识传播模型

1932 年，Kermack 与 McKendrick 随后提出了 SIS 模型。在 SIS 模型下，初始时随机选择网络中一个或若干节点为感染节点，其余为健康节点。SIS 模型中 I 态节点以一定的概率 β 变为 S 态，而非 R 态。SIS 传播模型的传播行为可以定位为：在时刻 t，S 态节点如果和 I 态节点相连，则该节点以一定概率 α 转变为 I 态，同时，I 态节点又以一定概率 β 转变为 S 态。不失一般性，传播强度 $\lambda = \dfrac{\alpha}{\beta}$。用 $S_k(t)$，$\rho_k(t)$ 分别表示所有度数为 k 的节点中易感节点和感染节点的比例或密度。则 SIS 传播过程可以表示为以下微分方程：

$$\frac{d\rho_k(t)}{dt} = \lambda k[1 - \rho_k(t)]\varphi(t) - \rho_k(t) \tag{3-19}$$

$$S_k(t) + \rho_k(t) = 1 \tag{3-20}$$

$$\varphi(t) = \frac{\sum_k kp(k)\rho_t(t)}{\overline{k}} \tag{3-21}$$

其中，k 表示网络中节点的度，$\overline{k}$ 表示网络中的平均度。$p(k)$ 表示网络的度分布函数。$\varphi(t)$ 表示在网络中随机选择一个节点，其和传播节点相连的概率。根据 Moreno 和 Pastor - Satorras（2005）利用上述方程和一些初始条件得到的传播阈值结论：在非均匀网络中，知识想在复杂网络中传播开来并且长期存在下去，那么其传播强度必须满足以下条件：$\lambda > \lambda_0 = \dfrac{\overline{k}}{\overline{k^2}}$。其中，$\overline{k^2}$ 表示复杂网络中度值的二阶矩。如果知识传播的传播强度 $\lambda > \lambda_0$，则知识能够在该网络中扩散开来。否则，创新的知识将会从网络中呈指数逐渐衰减，不能在网络中长期传播。

根据 SIR 模型和 SIS 模型可以深刻理解绿色创新扩散的动态变化过程。从整体来看，企业绿色创新扩散的实质就是企业以绿色知识为基础构建了复杂的内外部社会网络，围绕相关网络节点进行知识资源的获取、共享和知识的创新为主要内容，不断提升产品的绿色价值，而绿色价值创造为企业绿色创新的核心。在企业绿色创新过程中，围绕绿色技术扩散形成的复杂网络，其节点众多，结构异常复杂，特别是节点之间形成相互作用、相互影响的关系。都会对绿色创新产生直接或间接的影响。在绿色创新过程中，需要首先优化网络节点的"度分布"，从优化大节点做起，通过优化大节点的相互联系优化整个网络，提升网络扩散的效率。对于某些中小企业而言，就需要不断提升自身的科技水平和绿色创新能力，不断创建自己的品牌，积极开发具有原创性的科学技术，借助已有的复杂网络孵化自己的新技术和新产品，不断构建和提升整体市场竞争力，实现领域的产业制高点，尽可能形成新的绿色扩散源。以市场需求为导向，通过绿色创新活动不断推动小节点缩小与其他节点的平均路径长度。对于某些冗余度越高的节点，表明该节点可以更为有效地利用自身的专业特长不断加快绿色知识的传播。在形成绿色知识复杂网络扩散过程中，不同的节点扩散效率不同，并且形成了具有一定鲁棒性的复杂扩散网络。为此，为了促进整个企业绿色创新复杂网络的传播，就要通过各种手段将每个节点运动起来，不仅是网络内部的节点，同时需要引进新的节点机制，保证整个绿色创新扩散网络与外界环境之间相互联系、相互作用，不断提升网络的绿色创新传播效率，推动网络内部要素的优化整合和新陈代谢。

第四节　中国情境下企业绿色创新动力机制

随着新时代的发展，企业对绿色创新的需求也在不断增大，客观上要求企业主动加强同其他企业间的密切联系，不同企业间的合作渠道包括技术性合作、市场性合作等。通过有效的外部合作，企业间进行绿色资源以及绿色知识的共享，最终形成一个庞大的区域网络。如何保证这一庞大的绿色创新网络持续连接，并实现节点最大限度为局部服务，即如何保证企业有持续的动力维持创新活动的进展成为企业需要思考的重要问题。从内外部组织结构来看，企业技术创新的动力即驱动力主要来自两个方面：其一，企业内部的驱动力。主要是组织的创新动机、发展目标等，从而主导技术创新的方向和目标。其二，企业外部的驱动力。企业外部的驱动力主要是外部环境、技术要素、政府政策等，主要影响技术创新的程度和实施过程，对企业绿色创新动力机制的研究最早起源于熊彼特的创新动力理论。首先，他在 1912 年提出了技术推动模型。该模型强调技术创新的主要动力主要来源于科学研究和它所产生的技术发明。其中，技术推动模型的关键是按照技术的功能适用性通过创新主体进行创新，即围绕技术的有效性，通过技术推动企业的发展，其核心目标是技术层次差异性。从生命周期来看，技术推动的生命周期相对较短，企业需要不断进行技术层次的转变。其次，市场需求拉动模型。即市场需求拉动模型强调技术创新的动力主要源于市场的实际需求，通过市场需求逆向反映给企业，企业根据市场的需求及时调整生产计划、改善产品结构，最终生产出企业需要的产品。从生命周期来看，由于市场供需变化较大，为此，市场需求拉动模型的生命周期也较短。最后，也有学者认为，技术创新的动力并非单一来自于技术本身的需求以及市场的需求。相反，应该综合考虑两种效应，企业技术创新的动力实质来自于市场和技术的综合作用模型。即企业创新过程并非单一地运用某种因素。相反，企业的技术创新需要通过运用技术变革使其作用于终端市场并进行相互作用最终引发了企业的技术创新。单纯的技术推动和单纯的需求拉动只是两者综合作用模型的特例。市场和技术双重作用的产品往往具备较长的生命周期。通过技术和市场的双向协同和相互作用，使之成为企业追求的市场竞争优势。

一、企业绿色创新的理论模型

企业绿色创新的理论模型主要分为多元动力理论模型，技术轨道理论模型，N－R关系理论模型、绿色创新动力理论模型等（见表3－3）。

表3－3 企业绿色创新的理论模型基础

理论基础	观点	特征
多元动力理论	多个要素驱动	技术、需求、政府三元推动
技术轨道理论	技术轨道化成为创新途径	自然环境和市场选择环境均衡
N－R关系理论	社会资源和社会需求的矛盾形成内在驱动力	需求和资源的匹配性
绿色创新动力理论	社会效益和环境效益的双驱动产生绿色创新	内部动力和外部动力的混合

多元动力理论。技术创新的多元理论认为，技术创新是由多个要素驱动的，包括技术要素、需求要素和政府行为。有时企业家偏好、社会、技术和经济的自组织作用也成为技术创新的动力源泉。其中，自组织的定义为某些系统有一种内在的能使系统本身从这种状态转移到另一种状态的能力。每当社会、技术和经济系统发生状态的转变时，新型的创新就会出现。绿色创新则对绿色技术要素和政府行为要素提出更高的要求。

技术轨道理论。20世纪70年代纳尔逊和温特提出了"自然轨道"和"选择环境"概念。随后，1984年G. Dosi提出了技术轨道模型。其核心在于，某些根本性的技术创新会产生新观念，而这种观念一旦模式化，就会形成一定的技术规范；当技术规范继续在较长的时间和范围内发挥作用时，就会产生影响形成一定的技术轨道，即一旦形成技术轨道，必然会出现持续的创新。同样，绿色创新需要自然环境和市场选择环境均衡，一旦形成绿色技术轨道，必然产生持续绿色创新。

N－R 关系理论。N－R 模型是日本学者斋藤优教授于 1979 年在《技术转移论》一书中提出的。他认为，技术创新的动因在于社会需求和社会资源的双重矛盾。当现有社会资源不能满足当前的社会需求时，组织内部就会产生创新的驱动力。通过企业相应的技术创新的行动计划和战略，最终达到目的所要求的技术、市场和创新资源等。绿色创新则对绿色产品需求和绿色资源外部性提出更高的要求，需二者有效匹配。

绿色创新动力理论。该模型认为，当前企业的核心价值在于实施绿色经济，重视自然资源的优化利用，注重环境和人的和谐自然相处。为此，企业进行绿色创新的动力已经不仅仅是考虑利润的层面；相反，企业需要综合考虑环境要素、资源要素、顾客价值要素、社会价值要素等。特别是企业的绿色创新是一个长期的过程，企业需要树立长远目标和创新战略，需要充分考虑相关的环境要素和资源要素的矛盾关系。将社会效益和环境效益作为驱动企业绿色创新的重要驱动力。从发展来看，企业进行绿色技术创新既包含经济效益，也包含社会效益。这成为企业进行创新投入的关键所在。随着政府的环保管制力度的增加，环境风险和资源的价格风险提升，企业需要提高预防污染的成本，资源的日益短缺也在客观上进一步推动企业注重节能降耗，加快从事绿色技术创新活动。为此，本章认为绿色创新的动力既有内部动力，包括企业目标、企业文化、内部激励机制、管理机制以及企业绿色创新能力、人员结构，也有外部动力，包括市场需求、市场竞争、政府支持和科技进步等。同时，内外部动力都受宏观经济的影响以及中观行业发展的影响（见图 3 - 3）。

市场变化和行业的整体发展方向共同决定了企业进行绿色创新的方向，企业利润和社会效益的双向目标决定了绿色创新的目标。特别是由于绿色创新相比普通的技术创新，更多地强调通过绿色环保带来的社会效益。从绿色创新的网络结构来看，企业绿色创新形成的网络节点具有各自的独立性和自主性。但是整个绿色创新网络通过动力机制、利益导向机制、信息共享机制等，保证绿色创新的实现。然而，节点的选择、节点的连接方式、节点的管理、节点连接的评价等都对创新网络的健康发展至关重要。为此，企业在进行绿色创新时就需要对创新所带

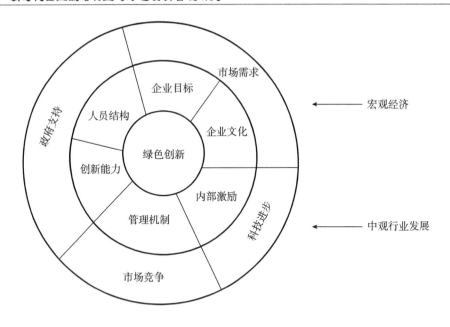

图 3 - 3   企业绿色创新的内外部市场动力

来的综合收益进行综合评估，以便决定是否开展创新的决策。由于绿色创新具有
一定的风险性，故企业需要通过综合评估市场风险并决定是否进行独立绿色创新
还是合作绿色创新。特别是企业绿色创新形成的复杂网络发展到一定阶段以后，
由于知识传播效率、外部环境等因素影响，网络的传播功效会有所下降。这就需
要企业根据市场变化和创新活动的整体发展方向建立不同类型聚集群，将与企业
绿色创新有关的组织结构整合在一起，以绿色收益和社会效益为组织目标形成新
的绿色创新协同网络，通过整合优化有利于网络集群内形成创新的优势，共同承
担风险，共同享受绿色创新合作成果。在当前中国的创新情境下，企业进行绿色
创新往往需要构建有效的政府—科研机构—高校联盟进行协同创新以便共同完
成，通过不同组织之间的相互协同形成庞大的局部复杂网络，这样不但能扩大绿
色创新合作的广度也能扩大绿色创新合作的有效深度。从绿色创新合作方式来
看，既可以进行面对面的绿色创新合作，围绕全部创新环节进行合作也可以进行
面对点、点对点的绿色创新合作，围绕绿色创新的某一部分合作使绿色创新合作
更加系统、更加有效和深入。为此，本章考虑构建绿色创新协同模型深入分析在

局部复杂网络环境下，企业如何通过不同组织间的绿色创新协同加强合作以提升绿色创新的效率。

二、绿色创新协同模型构建

企业的绿色创新源于固有绿色产品的生产经验的积累和现有绿色生产技术水平的改善。企业的内外部环境对企业技术创新影响较大，单纯依靠企业自身的技术能力、资金投入进行产品研发和绿色技术创新的难度已经很大，市场风险较高，故企业需要通过引入外部资源，加强产品研发和技术创新，即所谓的协同绿色创新。研究表明，企业和大学、科研院所具有异质性资源，通过绿色协同，各个子系统相互作用产生的效果远远大于单个子系统产生的效果，子系统之间相互作用的过程也就是绿色协同的过程。通过绿色协同创新，能有效进行资源互补，提升资源的有效利用率，加强科技成果的市场化转化。特别是科研院所的研发成果通过企业运作，最终实现产品完全市场化并获得企业的经济效益最终实现共赢。党的十九大正式提出以企业为主体、市场为导向、产学研合作进行深度融合的技术创新体系。李克强总理提出："加强产学研合作是打通创新链条、促进创新发展的重要支撑"。产学研涉及到三方利益，为了加强三方的通力合作，有效的利益分配机制则是最为关键的问题，同时也是一个矛盾很突出的问题，在这个体系中，企业最终是把产品和技术转化为销售产品，并最终取得利益，而高校和科研机构往往是从事基础科研研发，提供智力的资源支持。只有企业将一部分利润有效地分配给高校和科研机构，才能有效调动科研人员的积极性，进一步加强技术研发和服务支持，推动产品的更新换代。有效的利益分配机制将对三方的互利互惠合作起到至关重要的决定作用。在政府、高校和科研院所、企业等三方进行绿色协同创新过程中，政府、高校和科研院所都具有自身的资源优势。其中，政府的优势在于有效地整合各类资源。高校在人才培养、基础研究等方面具有优势，而企业则在将绿色产品创意转化为实际产品方面具有优势。同样，各方也都存在一定的短板，比如高校在将基础研究转化为具体产品方面就具有明显的短板。企业的短板在于高端人才相比高校有所匮乏，绿色产品的基础研发能力有限，大多为产品的模仿性创新。三方通过有效的资源整合、优势互补可以充分发挥各自的市场优势，补足各方的市场短板，共同研发绿色新技术以提升绿色产品研发的效率和质量，并将新的绿色技术运用于产品生产和销售并最终实现新的效益。产学研协同促进什么类型的企业创新与双方的合作战略和所属产业不无关系：如短期合作项目多以过程创新为主，而长期合作关系较适合产品创新；生物制药等高科技行业的产学研合作以产品创新为主，而其他传统行业则更侧重于过程创新。在高校方面，学术个体分属纳米材料、生物医药等相关学科，更易采用技术许可或参股、甚至成立企业的方式参与协同；而分属管理、法律等学科，则更多通过管理咨询、培训等方式参与协同创新过程。因此，脱离三方自身特点和面临的外部困境等因素，孤立地研究产学研协同与创新类型的关系，就难免得出片面的结论，应将研究细化到创新主体合作战略和企业所处行业类型等维度进行综合评估。

现有研究多对协同创新模式选择，从高校或企业单边决策角度出发，缺乏联合决策。如 Joaquin（2007）从高校角度出发，指出高校院系成员不同，在选择创新模式方面呈现出显著差异性。与此相对，Laursen K. 等（2004）则明确指出，不同行业企业在对选择高校作为创新源方面也存在显著性差异；进一步地，Freitas（2012）则从企业角度出发，明确指出处于朝阳产业与成熟产业中的企业，其产学研协同创新模式也具有根本的异质性。可见，现有产学研协同创新模式选择多没有联合决策，单边决策对产学研协同创新的模式选择进行研究。本书主要从高校—企业协同创新的动机和效应、职能定位、联动创新模式选择、联动创新实现机制和路径四个维度出发，提出应充分考虑各个维度关系，构建统一协调的创新匹配机制（见图3-4）。

图3-4 高校—企业联动绿色创新的匹配机制

基于产学研绿色协同创新过程及"战略—组织—知识"三维一体协同框架，

提炼出高校及企业在产学研协同创新体系中的职能定位。高校在产学研协同创新中的职能定位——"创新中心"（Innovation Hub）；企业在产学研究协同创新中的职能定位——"创新引擎"（Innovation Engine）。从技术创新成果的排他性和竞争性维度，本书将产学研绿色协同创新划分为公共产品创新、私人产品创新、准公共产品创新；在产学研绿色协同技术创新体系中，研究高校及企业在公共产品创新、私人产品创新、准公共产品创新中分别应该发挥的作用和功能。为了有效保护各方的利益，就需要构建有效的利益分配机制或方式以指导三方进行利益分配。为此，如何针对三方的特征进行合理有效的利益分配，需要产学研各方在合作前就建立合同或协议等方式进行，根据合同的相关规定在协商的基础上确保最终结果真实、有效。由于合作三方的具体实现目标不同，其利益的诉求点也有所差异。为此，在合作过程中，三方很可能由于利益不均导致合作不能顺利进行，最终影响了科研成果在市场的顺利转换。因此，在实际各协同主体进行利益分配时，需要各方明确并遵循一定的原则以保证三方总体利益最大化：其一，各主体平等原则。即无论协同方的具体规模有多少，实力有何差距，各方在具体利益分配时要其利益主体处于平等的分配地位，即各方都能按照具体贡献大小获得相应的利益。其二，公正和公开的利益分配原则。即三方在利益分配时需要公开可能的具体收益，通过公正的手段，在满足各方利益的基础上签订有效的协议，各方不得私自谋取合作的利益。其三，针对具体风险采取一定的补偿原则。协同创新是一个充满市场风险的过程。为此，在考虑创新利益分配时也需要将风险因素作为一个重要衡量指标。由于在三方具体绿色协同创新过程中，各个协同主体承担的风险有所差异。因此，在制定三方绿色协同创新过程协议时需要明确风险大小和利润分配的具体正向关系，即承担风险较大的协作方理论上应该获得更多的收益。其四，具体要素投入和利益产出相一致原则。由于不同的协作方投入的资源类型和具体数量都不相同，有的是通过资金、技术，有的是通过管理经验和人力资源等无形资源，如何准确分析不同类型的资源在绿色协同创新中的具体作用还需要三方进行有效的协调，并作为利益分配的重要根据。

张伟（2015）阐述了联盟合作各方在产学研结合中的经济利益和社会效益，并对高校产学研结合中的经济利益和社会效益等进行了分析，最终给出有效的保障措施。定量研究中常用的模型研究较多见的是博弈论。利用博弈论，政府给予企业研发补贴，按产品销售收入的固定比例分配优于一次性转让的方式。在具体的分配机制中如何考虑更多的内外部因素成为高校—企业协同创新中的重要环节。现有研究表明：利益分配具有制度保障和激励作用，能够有效维系合作关系。在具体的合作过程中，整体利益关系包含各成员的利益最大化，利益根据获得性和可量化程度可以分为有形利益和无形利益。其中，有形利益主要包括企业利润、产品和服务的收益、技术入股或转让的收益。有形的利益很大程度上成为成员参与产学研合作的内在动力和追求目标，很大程度上体现了产学研联盟的绩效。无形利益则涵盖了品牌商标、社会形象、学习经验等，一定程度上促进了固有的有形利益的提升。由于利益类型的差异化和利益产出的差异，需要通过有效的利益分配策略、设计有效的利益分配机制、激励协同创新提高自身投入来获取更多利益，从而对合作关系持续等起着决定作用。然而，由于信息存在不对称性，各方对其他方参与创新和价值创造的过程都缺乏完全的了解，一旦各方利益分配方式不合理或者不充分、不有效，甚至三方为了追逐利益而出现道德风险问题，则在客观上降低了产学研的协同效应。具体来讲，一方面，由于研发过程中存在的技术风险和不确定性，一定程度上使科研机构可能降低研发投入规避潜在风险。另一方面，企业相比科研机构对市场的感知更加清楚，它们有更强烈的动机谎报创新成本，从而通过科研机构的损失为代价获取自身利益。双边道德风险的产生根源在于企业和科研机构利益分配方式不合理。因而，防范协同创新风险中的双边道德风险问题，推动科学合理的利益分配方式、协调双方合作共赢成为产学研的热点。

因此，高校和企业的产学研创新利益分配问题是典型的完全信息条件下最优合约安排问题，是通过企业和高校相互协商动态互动的具体过程。早期研究包括委托代理理论、优化理论等对创新主体的利益分配方式和机制进行了研究。已有研究运用混合利益分配模式，构建了校企合作创新的利益分配模型。刘勇（2017）通过建立产学研协同创新价值链利润分配模型，并利用优化模型求解不协调和协调情况下最优努力程度和最优合作程度。类似地，任培民等（2008）列出了产学研各方可能的合作方案。并且用期权—博弈整体化方法来研究利益分配最优问题。也有学者通过合作博弈模型，构建了有效的产学研联盟利益分配模型。代建生和范波（2005）考察了双边道德风险下合作研发的两部线性分成问题，分析并研究了研发效率、协同创造能力和谈判能力对利益分配的影响。在产学研合作过程中，资源配置难以真正实现帕累托最优状态。根据相关的国家专利局专利数据表明：政府对协同创新的参与度较低，高校和企业、政府等机构合作强度的比例都偏低。鉴于此，本章基于委托代理理论、合作博弈以及厂商竞争模型等，构建具有双边激励效应的产学研利益分配机制。

产学研绿色协同创新中主要存在固定支付模式、产出分享模式以及混合模式等三种利益分配方式。其中混合分配模式是指企业提前给大学方预支固定的报酬，同时也从总收益中按一定比例向其支付报酬（利润分成）。高校和企业在绿色协同过程中需要在组织上构建有效的协作关系，形成高校—企业组织协同，在创新目标上树立相同目标形成战略协同，在绿色创新知识环节形成知识协同，最终构建一个有效的三维一体协同创新机制。从高校和企业的绿色协同内容看，协同主要是将绿色技术相关的基础研究转化为具体的应用研究，分别针对包括私人产品、准公共产品、公共产品等进行创新研发，并最终实现市场化过程（见图3－5）。

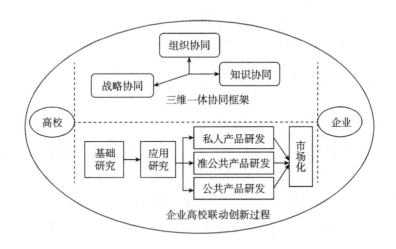

图3－5　企业—高校联动创新过程

在混合模式下，特别是在三维一体协同过程中双方所得不但和科研机构的研发效率有关，也和企业自身固有的生产成本有关。因此，本书提出以下假设：

假设 1：考虑博弈包含三个群体，政府（Government）、科研机构（University）、企业（Enterprise）。

假设 2：企业追求利益进行资金投入和人力投入，高校和科研机构投入自由资金和人力进行产品研发，最终利益在企业、高校和科研机构等进行分配。

假设 3：假设投入产出的函数是柯布—道格拉斯函数。即为 $Y = A K^\alpha L^\beta$，其中，Y 表示产出增长率，A 表示科技进步率，K 表示资本增长率，L 表示劳动增长率，α 表示资本产出弹性系数，β 表示劳动产出弹性系数。

构建协同创新合作模型。其中，企业资本增长率为 K_1，科研院所研发资本增长率为 K_2，整体收益为 π_1，企业方人员薪酬为 R_1，科研院所方人员薪酬为 R_2。其中，r_0 为必要报酬率，r_1 为企业方所处行业的平均报酬率。

构建模型如下：

$$v_i = A_1 A_2 (K_1 + K_2)^\alpha (L_1 + L_2)^\beta - K_1 r_0 - K_2 r_1 - L_1 R_1 - L_2 R_2 \tag{3-22}$$

根据博弈 $G(N, v)$ 将整体协同创新收益 $v(N)$ 在参与者进行分配。对于三方合作博弈事先签订契约，则每个局中人的 Shapley 值为：

$$\varphi_i(v) = \sum_{S \subseteq N/i} \frac{s!(n-s-1)!}{n!}[v(S \cup \{i\}) - v(S)] \tag{3-23}$$

此外，根据每个参与者对风险的感知，可以对 Shapley 值进行校正。考虑到各方的权重，设定权重系数分别为 λ_i，存在 $\sum_{i=1}^{n} \lambda_i = 1$。

$$\varphi_i(v) = \lambda_i \sum_{S \subseteq N/i} \frac{s!(n-s-1)!}{n!}[v(S \cup \{i\}) - v(S)] \tag{3-24}$$

分别根据该模型，针对不同行业的企业—高校协同创新情况进行汇总。最后可得到相关的研究结论：

其一，各方在协同创新过程中，资源要素投入程度和技术水平决定了付出和收益的比例，政府应当通过各种财政补贴等方式提高高校和科研机构的创新意愿。

其二，各方应当建立有效的协同创新风险管控机制，通过组织间的协调管理合作加强各方的协同管理技能，提升协同创新的产出效率。

其三，各方在利益分配过程中，要注意对 Shapley 值模型的参数进行调节，根据外部市场环境、企业经营状况、产品研发风险等进行动态参数调整。提升收入和分配的动态匹配效果。此外，还可以增加创新投资基金等外部资金支持，进一步提高技术创新的成功效率，完善收益分配模式。

三、研究结论

从利益分配角度来看企业和高校的绿色协同创新：一方面，只有企业将一部分利润有效地分配给高校和科研机构，才能真正调动科研人员的积极性，进一步加强绿色产品相关技术的研发和服务支持，推动产品的更新换代。另一方面，高校和科研机构等只有获得稳定的资金投入，才能更有效地进行绿色技术研发，提升产品研发成功的效率。政府作为第三方，虽然不直接参与企业绿色创新具体活动，但政府只有做好有效的统筹安排工作，才能更好地提升企业—高校的合作匹配效率，提高绿色创新的产出效率。可见，构建有效的利益分配机制将对企业—高校—政府三方的互利互惠合作起到至关重要的决定作用。所以，高校协同绿色创新的利益分配应当遵循公平和客观的原则，通过科学合理的方式方法进行利益分配，协同各方都希望通过协同创新实现共赢的利益分配目标。企业应当坚持走绿色创新发展的道路，将绿色创新的"外生性"逐步转变为"内生性"，通过协同减少系统性风险，积极探索形成资源节约、环境友好的协同绿色创新发展模式。这种协同也并非一种"静态均衡"式协同，而是一种"动态均衡"式协同，根据外部环境和市场的变化，企业和高校均不断调整协同策略，调整利益分配方式，最终实现最优化的企业绿色市场效益。

第五节　浙江苏泊尔股份有限公司绿色创新升级实践

浙江苏泊尔股份有限公司创立于 1994 年，目前是中国最大、全球第二的炊具研发制造商，也是中国厨房小家电领先品牌，是中国炊具行业首家上市公司（股票代码 002032）。其总部设在中国杭州，在杭州、玉环、绍兴、武汉和越南胡志明市建立了五大研发制造基地，拥有 1 万多名员工。苏泊尔拥有近 5 万个零售终端，覆盖全国 100% 的县级以上城市。

苏泊尔拥有明火炊具、厨房小家电、厨卫电器三大事业领域，丰富的产品线，全面满足厨房生活需求。旗下生产的炊具及生活家电产品销往全球 41 个国家和地区，压力锅、炒锅、煎锅、蒸锅连续多年国内市场占有率稳居第一；电饭煲、电压力锅、电磁炉、电水壶市场占有率也跃居行业第二的领先地位。品质和创新是苏泊尔矢志追求的企业理念。其绿色升级过程最早源于第一阶段：苏泊尔首先研发出压力锅，成为整个行业的"领头羊"。第二阶段，将压力锅技术进一步升级，成功研发新一代安全压力锅，成为中国压力锅行业的风向标，到无涂层不锈技术，让炊具行业步入铁锅真不锈时代。第三阶段，为了减少环境污染，尤其是油烟污染，苏泊尔发明了火红点无油烟锅。随着对绿色产品的品质质量的要求，苏泊尔推出了做柴火饭的球釜 IH 饭煲。通过一系列产品的创新和品质的承诺，不断推动行业进步，改变了中国家庭的厨房生活。苏泊尔通过不断努力，造就值得信赖的品质、智巧的设计与技术的创新，让全球消费者体验健康、舒适、愉悦的现代厨房生活。在 2012 年和 2013 年，苏泊尔连续获得 Superbrands "中国消费者最喜爱品牌"大奖；2014 年，以 14 亿元的品牌价值，荣登胡润中国品牌榜。

用"品质"赢得信赖，用"创新"满足期待，苏泊尔已经走出厨房，成为了覆盖明火炊具、厨房小家电、环境家居电器、厨卫大家电、厨房工具、水杯等领域的综合性家居用品品牌。通过绿色升级，苏泊尔已经逐步从低中端品牌升级到高端品牌市场，在中国市场运营 WMF、拉歌蒂尼、KRUPS 等品牌；通过提升锅具烹饪效率，苏泊尔推出迷色系列锅具、COCO 料理锅等年轻化产品，苏泊尔越来越受到年轻消费者的喜爱；此外，苏泊尔利用现有绿色技术，积极拓展市场，逐步转型成为智能家居供应商。2019 年，苏泊尔涉足母婴用品领域，推出了"倍爱"系列、"小馋喵"辅食锅等产品，其广告语"你的下一代，我们继续爱"已经成为企业发展的内在动力。

案例启示：苏泊尔的转型升级案例表明：①企业的转型升级应该首先集中于企业最核心的领域，通过优化产品结构，降低生产能耗，提升生产效率以提高产品质量。②企业的转型升级与企业的技术应用密切相关，企业需要不断研发最新的绿色产品生产技术和绿色工艺等。企业的绿色转型涵盖了绿色发展的理念、战略等全方位变革。企业需要通过对内外部整体环境进行联动，通过梳理企业绿色转型所面临的深层次驱动因素，针对转型升级困境找出有效的方法论和分析工具。

第四章　新时代企业绿色创新过程中的绿色绩效和经济绩效的平衡研究

　　企业绩效是衡量企业经营效果的一个重要指标，也是考核企业战略管理的重要变量。一般认为，企业绩效是企业通过各种经营活动所产生的最终效益，并且，企业绩效是能够被所有组织内部员工观察和测度的一种组织行动。传统的绩效指标一般是根据企业的相关财务指标或经营数据分析衡量企业的财务绩效，包括资产回报率（ROA）和净资产收益率（ROE）等。已有学者提出除了考虑企业的财务绩效以外，还应当考虑企业对社会的综合贡献或对社会产生的各种价值，即企业的社会绩效。衡量企业对社会绩效的一个重要指标就是绿色绩效。绿色绩效是企业进行绿色生产和绿色发展的外在反映，同时也是企业进行绿色创新发展的重要任务指标。从经济发展来看，改革开放 40 多年以来我国的经济总量已经跃居世界第二。单纯的衡量经济增长速度特别是通过 GDP 考核经济发展的评价导向已经越来越与中国经济发展目标和现状相背离。一味地追求 GDP 的增长必然导致企业对资源和能源的掠夺式开发，客观上造成局部地区环境承载能力远远低于资源开发的总体情况，造成地区环境污染加剧，资源耗费和能源耗费显著性增加。新时代衡量经济发展的一个重要指标就是环境指标，这倒逼各地方政府通过各种政策手段和经济手段加强环境保护，推进地方经济的绿色发展。反映到微观领域就是要求各地方所在的企业推行绿色绩效，将节能环保作为企业发展的重要指标。企业的绿色绩效评估是一个由众多因素集成的生态经济发展概念，它除了包括传统的企业绩效外，还包括社会绩效和生态绩效两个方面。

　　从企业发展来看，绿色绩效评估强调通过各种评估方法实现企业资源的有效利用和高效配置。通过技术创新活动和生产活动减少甚至消除企业生产经营过程中对环境产生的负面影响和破坏，消除由于员工能力、组织内竞争、员工负面情绪等造成与"绿色"不和谐的因素，达到资源利用与企业发展相匹配，从而实现企业长期高效地运行。从社会层面来看，绿色绩效评估给社会环境带来了巨大的改善，也对社会风气起到积极的促进作用，有利于实现社会的可持续发展。从生态环境视角来看，企业通过绿色人力资源管理绩效评估实现生态环境的改善，创造有效的生态效益。可见，绿色绩效实际包含经济绩效、生态绩效和社会绩效。其中社会绩效包括社会环境的优化，如社会精神文明发展、社会舆论强度和社会贡献率的提高。社会心理的调整包括对环境认知的协调以及对社会教育的认识等。此外，还包括社会法律规范的协同，包括环境立法以及法律法规的影响力等。

企业绿色创新对环境、产业、国家发展具有积极意义，但是对企业而言，企业绿色创新与组织绩效存在着正相关和负相关的关系。绿色创新能为企业带来声誉和企业形象等无形收益，也能为企业带来先动优势。具体研究包括：①研究企业绿色创新的环境绩效如何转化为经济绩效。绿色绩效和经济绩效的综合考评方面：一是环境受益的期望值；二是改善环境的成本，环境的收益和成本取决于技术的变化与革新程度；三是供求双方创新活动的激励程度。②企业绿色创新的知识溢出所带来的独占性问题。绿色创新过程中，知识溢出对于生态系统以及经济体系都有重要意义，这种知识溢出效应对生态系统发展和经济绩效的作用需要进一步探究。这就需要企业进行环境规制，即通过政府制定相关的策略、措施或者法律法规等方式来影响企业的环境行为，特别是企业在绿色创新过程中，要严格限制企业污染环境的行为，从而加强对环境的保护力度，最终在保持环境质量和卫生的情况下，实现经济增长的双重目标。

政府对企业绿色创新活动的监管也成为绿色创新研究的重要领域，政府在绿色创新方面的具体作用主要包括：

第一，政策导向。政府对企业的相关购买活动等需要实行必要的法律法规或政策的支持和引导，对环境的标准和技术标准有了明确的规定，如果企业不遵守产品生产过程中必要的绿色标准要求，企业将会面临惩罚。即通过惩罚性政策保证对环境的保护和对绿色创新标准的要求。

第二，市场激励。政府部门以市场机制为基础，利用供应链整体的经济手段，包括政府补贴、污染物交易、环境税等，降低企业对环境的不良应影响。这在一定程度上提升了企业的选择产品定价，极大地提高了企业的市场积极性，争取企业能够遵守法律法规的具体要求，产生间接的机会成本。

第一节　新时代企业绿色创新的绿色绩效研究

新时代运用绿色绩效对企业绿色创新进行评估就需要充分理解新时代特征（见图4－1）。新时代是中国经济进入到全新阶段的一个科学定位。首先，在"新时代"，中国经济的一个重要特征在于经济的发展并非追求大而不强的粗放式增长模式。相反，国家经济的发展要以习近平总书记的"绿水青山就是金山银山"的生态发展理念为指导，坚决贯彻新的循环发展理念，坚持国内、国外两个循环，更加注重发展质量，注重协调发展。这就为企业的绿色高质量发展奠定了理论背景和时代基础。其次，新时代的另一个重要特征是将文化发展和社会发展作为国家经济发展的重要考量。在这一时代背景下，企业间知识传播速度大幅度提高，文化传播手段和传播方式更加新颖。把握文化发展方向的一个关键就在于坚持文化自信。通过有效的公共文化服务，推动国家软实力和中华文化影响力不断提升。中华传统文化中固有的"天人合一""道法自然"等朴素文化思想也为企业绿色发展、绿色创新提供了深厚的文化基础。最后，新时代具有的一个重要特征在于当前我国的社会综合治理水平大幅度提高，社会治理更加科学化、民主化和制度化。在客观上将与民众切身利益相关的健康、环境等放在了社会发展的首位，这就要求企业和社会更加注重对与人类健康密切相关的外部环境、外部资源加以保护（见图4－1）。

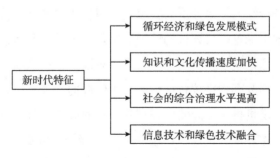

图4－1　新时代特征

从目标发展过程来看，新时代的一个重要特征在于将生态文明建设作为国家经济和社会发展的重要目标。不再以牺牲环境求发展，重视节约资源、环境保护，努力营造人与自然和谐相处、共同发展的良性生态环境。从实现目标发展的手段来看，新时代是以新型互联网技术、大数据技术等为特色技术的信息发展时代，各种新兴数字化技术和人工智能技术很大程度上推动了环境保护的数字化量化分析和智能评价分析。为此，企业应当充分利用互联网技术，并将互联网技术和传统经济相结合，发展信息技术，推广智慧应用。对于绿色创新的企业来说，应当不断了解绿色技术的发展方向变化，及时运用和开发清洁生产设备，淘汰较为落后的高耗能工艺，并且通过互联网技术包括大数据分析等及时了解消费者的绿色需求，及时调整产品的发展方向从而适应市场变化。特别是企业在进行绿色创新时，要勇于进行供给侧的结构性改革，改变不适合当前经济发展的结构，不断开发适应市场需求的绿色产品和技术。不断引导需求，扩大市场需求，在绿色创新过程中提升产品的需求品质和扩大市场，从而进一步促进企业的绿色转型。

一、绿色绩效考核体系

企业的绿色创新绩效至少应当包含企业利润、能源消耗和生态损耗三个方面。这就需要将绿色发展理念引领发展行动，让绿色绩效考核建立起来，将资源消耗、环境保护和生态效益有机结合起来，其中，经济绩效评价指标以往主要考虑产品的生产成本、运输成本、存储成本等，较少地考虑由于工业生产所带来的环境负面影响而导致的社会成本，以及由于有毒有害的生产工艺对人体健康造成的危害而导致的额外医疗成本。或者由于生产有害产品达到产品生命周期后进行回收、处理而造成的产品总体经济成本。

可见，企业进行绿色绩效评价需要综合考虑环境的因素。特别是对生态环境造成的整体影响成为绿色绩效评价的原因。绿色评价是企业绿色绩效评价体系中的重要组成部分，绿色绩效生态指标的设定，有助于企业采取措施改进原有的生产工艺、减少企业的废弃物排放并加强非再生资源的有效利用，提高资源的有效利用率，尽可能实现可再生资源的循环利用，从而有效改善生态环境。其中，绿色生态绩效需要考虑环境属性、资源消耗属性、能源消耗属性等基本属性指标。其中环境属性主要涉及企业进行产品生产过程中所有与产品生产有关的外部环境影响，包括大气污染物、水体污染物、固体污染物等量化指标。从绿色绩效评价结果来看，这些污染物的排放都应该满足绿色环保的要求，尽可能实现资源的循环利用。充分发挥资源和能源自身属性。其中，资源属性一般指的是生产产品的各种原材料、设备等，应该保证企业利用这些资源进行产品生产时能够减少不必要的资源浪费，提高资源的有效利用率。能源属性指的是使用的煤、石油、天然气等不可再生能源应当尽量逐步减少，应该大力加强包括水能、风能、太阳能等可以再生能源的利用，通过有效的生产工艺流程改造等不断提高能源的利用率。

二、基于直觉模糊的绿色绩效评估模型构建

直觉模糊集（Instutionistic Fuzzy Sets，IFS）由 Atanassov 于 1986 年提出。它是传统模糊集的扩充和发展。直觉模糊集增加了一个新的属性参数：非隶属度函数。能够更细腻地描述和刻画客观世界的模糊性本质。1993 年，作为 IFS 的一种特殊表现形式，Vague 集被提出。直觉模糊集的特征是同时考虑隶属度和非隶属度两方面信息。相比传统模糊集有更强的表达能力。甚至在语义表达和推理能力方面等都优于 Zadeh 模糊集。

多属性决策是选择最满足一组评价指标的方案问题。Hwang 和 Yoon（1981）利用 TOPSIS 方法研究模糊环境下的多属性决策问题。其基本出发点是在 n 维空间中，将方案集 A 中的各被选方案 A_i 和正理想解 A^+ 和负理想解 A^- 的距离进行比较，选取靠近正理想解而又远离负理想解的方案作为方案集 A 的最佳方案。

定义 1：设 X 是给定论域，则 X 上的一个区间直觉模糊集 A 定义为 $A = \{\langle x, \mu_A(x), \nu_A(x)\rangle \mid x \in X\}$。其中，$\mu_A(x)$：$X \rightarrow \mathrm{int}([0, 1])$ 和 $\nu_A(x)$：$X \rightarrow \mathrm{int}([0, 1])$ 分别为 A 的隶属度和不属于 A 的隶属度，其和满足：$0 \leqslant \mu_A(x) + \nu_A(x) \leqslant 1$，$\forall x \in A$。

对于 X 上的直觉模糊集，定义为 x 的直觉指数为：$\pi_A(x) = 1 - \mu_A(x) - \nu_A(x)$。反映了 x 对 A 犹豫程度的一种测度。直觉模糊集 A 可以简记为 $A = \langle x, \mu_A, \nu_A\rangle$，或 $A = \langle \mu_A, \nu_A\rangle/x$。

直觉模糊集 A 的补集 X 定义为 $\mu_X(x) = 1 - \mu_A(x)$，$\nu_X(x) = 1 - \nu_A(x)$。

直觉模糊推理的前提是依据观测数据的物理意义，构建相应的隶属度函数和非隶属度函数，将观测数据进行模糊化。各直觉模糊子集的直觉模糊隶属度可以

根据模式分析的结果进行赋值。

定义 2：设 X 是非空经典集合，$X = (x_1, x_2, \cdots, x_n)$，$A$，$B \in IFS[X]$，且 $A = \{\langle x, \mu_A(x), \nu_A(x) \rangle \mid x \in X\}$，$B = \{\langle x, \mu_B(x), \nu_B(x) \rangle \mid x \in X\}$，则有

$$\overline{A} = \{\langle x, \nu_A(x), \mu_A(x) \rangle \mid x \in X\} \tag{4-1}$$

$$A + B = \{\langle x, \mu_A(x) + \mu_B(x) - \mu_A(x)\mu_B(x), \nu_A(x) \cdot \nu_B(x) \rangle \mid x \in X\} \tag{4-2}$$

$$\lambda A = \{\langle x, (1 - \mu_A(x))^\lambda, (\nu_A(x))^\lambda \rangle \mid x \in X\}, \lambda > 0 \tag{4-3}$$

定义 3：设 $d_{ij} = (\mu_{ij}, \nu_{ij})$ 是 $X = \{x_j \mid j = 1, 2, \cdots, n\}$ 上的直觉模糊集，则令：$x_j^+ = (\max\limits_{1 \le i \le m}\mu_{ij}, \min\nu_{ij})$，$x_j^- = (\min\limits_{1 \le i \le m}\mu_{ij}, \max\nu_{ij})$，$j = 1, 2, \cdots, n$。

则理想解是：$X^+ = \{x_1^+, x_2^+, \cdots, x_n^+\}$ $\tag{4-4}$

负理想解是：$X^- = \{x_1^-, x_2^-, \cdots, x_n^-\}$ $\tag{4-5}$

定义 4：设 A 和 B 是 $X = \{x_j \mid j = 1, 2, \cdots, n\}$ 上的两个直觉模糊集，则称

$$s = 1 - \sqrt{\frac{1}{2n}\sum_{j=1}^{n}[\mu_A(x_j) - \mu_B(x_j)]^2 + [\nu_A(x_j) - \nu_B(x_j)]^2 + [\pi_A(x_j) - \pi_B(x_j)]^2}$$

为 A 和 B 的相似度。

则由定义 3 可知，方案 $A_i(i = 1, 2, \cdots, m)$ 到理想解 X^+ 的相似度是

$$s_i^+ = 1 - \sqrt{\frac{1}{2n}\sum_{j=1}^{n}[\mu_{ij} - \mu_j^+]^2 + [\nu_{ij} - \nu_j^+]^2 + [\pi_{ij} - \pi_j^+]^2}, i = 1, 2, \cdots, m$$

$$\tag{4-6}$$

方案 A_i $(i = 1, 2, \cdots, m)$ 到负理想解 X^- 的相似度是

$$s_i^- = 1 - \sqrt{\frac{1}{2n}\sum_{j=1}^{n}[\mu_{ij} - \mu_j^-]^2 + [\nu_{ij} - \nu_j^-]^2 + [\pi_{ij} - \pi_j^-]^2}, i = 1, 2, \cdots, m$$

$$\tag{4-7}$$

各方案到理想解的相对贴近度

$$c(s_i^+/s_i^-) = d(s_i^+)/[d(s_i^+) + d(s_i^-)] \tag{4-8}$$

基于直觉模糊信息的 TOPSIS 评价步骤为：

步骤 1：根据式（4-4）和（4-5）确定理想解和负理想解。

步骤 2：根据式（4-6）和（4-7）分别计算各个方案到理想解和负理想解的相似度。

步骤 3：根据式（4-8）计算各个方案与理想解的相对贴近度。

步骤 4：按相对贴近度的大小对方案进行排序，相对贴近度大者为优。

根据该模型，可以将与绿色创新有关的绿色生产、污染物防治、绿色生态、环境监督、绿色财务等类别作为基本指标。并根据企业的绿色投入和产出等对环境的影响和对财务的影响进行直觉模糊分析。

三、粒子群算法

粒子群优化算法（Particle Swarm Optimization，PSO）是通过粒子个体的简单行为、群体内的信息交互实现问题求解的智能性。最早是由 Eberhart 和 Kennedy 于 1995 年提出，基本概念源于对鸟群觅食行为的研究。设想一个具体的场景：一群鸟在随机搜寻食物，这个区域只有一块食物，所有的鸟都不知道食物的具体位置，但是知道离食物还有多远，如何构建最简单的有效策略。研究思路在于用粒子模拟鸟类个体，每个粒子可以视为 N 维搜索空间中的一个搜索个体，粒子的当前位置就是对应优化问题的一个候选解，粒子的飞行过程就是个体的搜索过程，粒子的飞行速度可以根据粒子历史最优位置和种群历史最优位置进行动态调整。其中，粒子只具有两个属性：速度和位置，速度表示移动的快慢，位置代表移动的方向。每个粒子单独搜索的最优解称为个体极值。粒子群中最优的个体极值作为当前全局最优值。不断迭代，更新速度和位置，最终得到满足终止条件的最优数值。其中，更新速度和更新位置的公式可以表示为：

$$V_{id} = \mu V_{id} + C_1 random(0, 1)(P_{id} - X_{id}) + C_2 random(0, 1)(P_{gd} - X_{id}) \quad (4-9)$$
$$X_{id} = X_{id} + V_{id} \quad (4-10)$$

其中，μ 表示惯性因子。其值为非负数。其值的大小反映了全局寻优能力的强弱。C_1 和 C_2 代表加速度常数，其中，C_1 表示每个粒子的个体学习因子，C_2 表示每个粒子的社会学习因子。$random(0, 1)$ 表示区间 [0，1] 之间的随机数，P_{id} 表示第 i 个变量的个体极值的第 d 维，P_{gd} 表示全局最优解的第 d 维。根据迭代次数和代数间的差值满足最小界限可以实现最优的搜索。其基本算法如下：

```
clc
clear
close all
```

E = 0.00001;

maxnum = 1000; % 最大迭代次数

narvs = 2; % 目标函数的自变量个数

particlesize = 50; % 粒子群规模

c1 = 2; % 每个粒子的个体学习因子, 加速度常数

c2 = 2; % 每个粒子的社会学习因子, 加速度常数

w = 0.6; % 惯性因子

vmax = 5; % 粒子的最大飞翔速度

v = 2 * rand(particlesize, narvs); % 粒子飞翔速度

x = -400 + 700 * rand(particlesize, narvs); % 粒子所在位置

% 定义适应度函数

fitness = inline('(x(1) ^ 2 + x(2) ^ 2)/10000', 'x');

for i = 1:particlesize

f(i) = fitness(x(i,:));

end

personalbest_x = x;

personalbest_faval = f;

[globalbest_faval, i] = min(personalbest_faval);

globalbest_x = personalbest_x(i,:);

k = 1;

while(k < = maxnum)

for i = 1:particlesize

    f(i) = fitness(x(i,:));

  if f(i) < personalbest_faval(i)

    personalbest_faval(i) = f(i);

    personalbest_x(i,:) = x(i,:);

  end

end

[globalbest_faval, i] = min(personalbest_faval);

```
globalbest_x = personalbest_x(i,:);
for i = 1:particlesize
        v(i,:) = w * v(i,:) + c1 * rand * (personalbest_x(i,:) - x(i,:))...
                + c2 * rand * (globalbest_x - x(i,:));
        for j = 1:narvs
                if v(i,j) > vmax
                        v(i,j) = vmax;
                elseif v(i,j) < - vmax
                        v(i,j) = - vmax;
                end
        end
        x(i,:) = x(i,:) + v(i,:);
end
ff(k) = globalbest_faval;
if globalbest_faval < E
        break
end
%            figure(1)
%            for i = 1:particlesize
%            plot(x(i,1),x(i,2),'*')
%            end
k = k + 1;
end
xbest = globalbest_x;
figure(2)
set(gcf,'color','white');
plot(1:length(ff),ff)
```

资料来源：参见 https://blog.csdn.net/weixin_40679412/article/details/805718
54。

结合粒子群算法和相关的模糊评价系统，可以对企业绿色绩效的多目标函数做出准确预测。结合相关研究，本章认为企业绿色绩效是企业发展的重要战略目标，需要政府部门从各个层面加强对企业层面进行相关制度落实和保障，充分发挥企业的创新积极性。

第二节　新时代企业绿色创新的经济绩效研究

经济绩效是衡量企业战略成功与否的重要考核指标。一般而言，当企业面临环境问题时，企业采取绿色创新战略会增加成本，损害企业经济绩效。如 Amores（2016）等认为，绿色创新在改善生态环境的同时，由于提高了产品的生产成本，故能够降低企业的经济效益。类似的，Frondel（2010）认为实施被动的环境战略可能导致成本的增加从而损害财务绩效。从这一角度，绿色创新本身和经济绩效形成一对矛盾。然而，当考虑波特的绿色创新价值理论后，企业可以通过提高资源的有效使用效率来节约成本，并通过开发新的产品市场而扩大产品销售收入，这对企业财务绩效的提升至关重要。Hojnik（2016）等认为企业对绿色创新的投资能够改善其经济绩效。这是由于绿色产品创新有利于企业开发低污染的产品，这类产品往往具有较高的产品品质，通过特定的产品定价往往能够帮助企业获得更好的市场份额，从而提升企业的经济绩效。另外，由于绿色产品创新表明企业富有社会责任感，企业的声誉和形象都会得到大幅度改善，企业的品牌价值以及产品的品牌价值等都会得到不同程度的提高，这也对产品的感知价值产生影响，最终有利于提升产品的经济绩效。

从市场规模来看，我国节能环保产业的总产值从 2012 年的约 3 万亿元增长到 2018 年的 7 万亿元，年均增长速度达到 22%。特别是近年来，围绕企业绿色生态保护和环境综合治理的投资都有了较大的增长。伴随着大气污染治理、土壤保护修复、污水治理等相关工作的推进，我国的环保产业空间将继续扩大。从绿色创新带来的价值增长来看，围绕绿色节能环保有关的绿色创新已经成为重要的新兴领域。但需要注意的是当前企业在追求利润最大化、资金投入最小化的因素下，往往不愿意主动参与到源头型绿色技术创新。然而，实际上企业通过原始性绿色创新最终可能获得更加显著的收益。

从内生发展来看，企业绿色创新的经济绩效体现的本质是绿色价值的体现。这种新的资源配置方式从整体来看是以人为中心展开，通过绿色发展要素和创新要素的整合共同促进价值的创造。当前绿色创新的主要问题在于大部分绿色技术的研发集中在科研院所和大专院校。相关的创新大多围绕理论创新，创新的重点和可应用方面有所差距，产业化水平较低。从绿色创新的经济绩效实际来看，绿色创新的关键是企业要将绿色关键性技术进行市场化运作，通过有效的企业科研机构协同创新，推动绿色创新技术的应用。根据《"十三五"环境领域科技创新专项规划》显示，当前中国环境科技发展中的主要问题在于企业绿色科技研发和绿色成果应用之间存在着巨大的矛盾，大多数企业自主研发技术难以进入市场化和产业化阶段。企业绿色创新的经济绩效就需要保证技术成果能够有效应用于企业实践。这就需要从政策和体制角度进行变革。一方面，鼓励和支持专业技术人员通过科技创新手段不断提高技术的有效性，特别是需要围绕产品价值构建出符合市场需求的绿色产品和服务。另一方面，政府应完善相关的绿色政策，着眼于优化绿色创新相关的法律法规、融资等具体环境，加强对绿色知识产权的保护，特别是针对绿色产品，政府应当鼓励企业实行差异化定价，提升产品的绿色价值和社会价值。针对绿色知识产权推行快速审批通道。另外，在绿色技术标准和评价规范方面应当进一步加强建设，构建较为完善的绿色指标评价体系，鼓励第三方积极参与到企业绿色产品认证和绿色服务认证等。让优秀的绿色产品和服务体现出市场价值，让绿色知识产权充分发挥其经济效益。

第三节　新时代企业绿色创新的知识溢出效应研究

企业绿色创新的核心内容是对知识进行创新。其中，知识一般分为显性知识和隐性知识。其中，能够通过语言、文字、书籍、数据库编码进行传播和学习的属于显性知识。通过积累经验总结，难以用语言进行表达的知识属于隐性知识。企业绿色创新所涉及的知识往往以隐性知识为主，显性知识为辅。显性知识的传播需要用大众媒介作为基本的传播工具，而隐性知识的传播则必须以人类面对面的交流方式。企业在绿色创新过程中形成了一个稳定的社会网络，这一网络有助于科技人员进行相互交流，从而促进知识的溢出和扩散。知识溢出最早是由Griliches（1979）提出，他认为知识溢出是企业的一种典型的学习和模仿创新行为。通过这种模仿行为，企业能够快速掌握相关技术并应用于产品生产以获得更大的收益。由于知识是一种特殊的信息资源，其输入和输出往往是双向非闭环模式，在生产者和使用者之间进行传递和流动时必然引起其他对象的反应。Ulrich（2002）认为企业经过自主创新所产生的一部分未被企业独占并获得直接受益的知识，被其他企业运用并产生收益，这部分知识就是知识溢出。总的来说，知识溢出的内涵包括两点：第一，知识溢出表明企业未能完全利用所创造的知识，即企业不能将所有知识转化为有效的资源，必然存在着知识的转移。第二，溢出部分的知识能够给其他企业带来直接或间接受益，从而对整个社会福利起到促进作用。绿色技术创新能否成功很大程度上取决于企业获得多少外部性的知识。外部性知识获得的越多，企业就能积极获得相应的技术知识，并将其积极引入自身的创新活动之中，从而增加企业的整体利润。相比普通的技术创新活动，由于绿色创新更强调社会效益，具有典型的强公益性和弱经济性特征，企业间的关系也表现得更为复杂。企业间除了有"合作"和"竞争"关系之外，有时还存在着"长期观望"的状态。这一行为常被理解为既不合作也不竞争的中立关系。

一、知识溢出途径与知识共享

1. 知识溢出途径

知识溢出的典型途径是技术许可、文献查阅、逆向工程、竞争企业员工的信息传播等。其中，员工的流动成为知识溢出的最主要途径，特别是新员工的加入会将其他企业的知识带到新的企业之中。同时，员工的流动也会导致知识向其他企业流动。知识溢出往往包括直接溢出和间接溢出。直接溢出主要是某些高新技术部门在创新过程中主动将新开发的技术知识以某种形式向其他产业部门进行传播。间接溢出则是非自愿地被其他产业部门或企业进行模仿创新所产生的。从知识溢出效应的对象来看，知识溢出效应对溢出企业产生了一定的负面效应，特别是知识创新过程中耗费了企业大量的资源，但这种资源却被其他企业无偿获得，这对企业本身来说就是一种损失。对溢出效应传播的对象企业而言，由于获得了溢出企业的相关知识，相关企业能够快速提升企业的技术水平，在此基础上进行模仿创新，有利于其他企业生产能力的提高。从效应本身来说，知识溢出能够起到企业间交流的效果，从而带动其他企业进行模仿创新，并在一定程度上起到激励和促进的作用。

2. 知识共享

知识可以在不同的用户之间进行交流和分享，从而在组织内部不断积累并扩散，最终通过个人知识扩散到整个组织。通过知识流动和有效的配置成为知识共享的关键。知识共享的过程主要是企业间的从业人员通过知识外化和知识内化两种方式进行知识的共享。知识共享的目的在于提高一个组织系统的运行效率，降低由于不确定性而产生的风险和成本，充分利用相关的知识以获得企业效益和相应的市场竞争优势。其中，知识内化主要是通过对显性知识的消化和吸收实现企业知识的初步，融入到企业原有的创新体系之中。知识外化主要是指将某些隐形知识进行显性化的过程。由于知识的掌握需要很长的时间，把知识转换为企业的生产能力和生产效率更需要一定的时间。所以，知识共享是一个动态的市场博弈过程。然而，由于影响企业绿色创新的具体因素很多，包括企业的主体特征、组织结构、外部系统环境等难以测度的因素，这些因素对于构建有效的溢出模型都具有较大的困难，如何分析知识溢出对绿色创新的具体影响仍然需要更多的研究。

知识共享的方式很多，包括合作机制、沟通机制、学习机制、管理机制等。知识共享的关键在于如何进行有效的主体间合作，通过有效的知识分享和学习影响企业员工的知识水平和组织的知识水平。有效的知识共享，有助于提升组织的绩效水平，提升知识共享的效用。知识共享尤其是绿色知识共享成为企业绿色发展重要的推动力量，例如，企业可以在制造企业之间或者企业和高校及科研院所之间通过各种方式共享最新的绿色创新技术，并将绿色技术应用到具体的产品生产从而提高绿色产出的价值，以提升企业的绿色创新能力。知识共享和绿色产出也是相辅相成的，一方面，知识共享有利于企业加快绿色创新的步伐，提升绿色创新的效率，推动绿色创新的应用。另一方面，绿色产出也会对企业间的知识共享产生一定的反作用，将影响到知识存量、绿色知识的需求以及主体间知识势差。

二、企业绿色创新的知识溢出过程

制造企业通过生产实践积累完成相应的绿色创新知识，相关的知识包含着许多产品的创意，这些创意可以通过客户、竞争对手、供应商以及研究所等一起提出。创意知识被提出后，企业就会进行积极的探索，针对具体的绿色技术进行深入挖掘，将隐形知识显性化，变成创新工作者的经验、技能、工作技巧等。此外，还有些知识则不能直接转化为具体的生产力，但是，却能够通过价值感知、商品感悟、过程认知等形式内化于生产者，成为隐形知识。1962 年，Chandle 运用社会网络概念界定组织正式网络和非正式网络。其中，正式网络指的是员工在日常工作协作、部门活动和其他正式场合的互动中形成的正式联系。非正式网络是企业正式组织结构之外或任务约束之外的由员工自发形成的网络，无固定的组织形式，其结构松散、形式多样、不易管理。随着互联网技术的不断发展，组织内成员更多借助 BBS、E - mail、博客、微博等社交媒体进行交流，由此形成的非正式网络已经超越了传统的时间和空间限制。企业团队会利用社交媒体进行沟通交流，在这一过程中，知识交流和共享产生。

1983 年，保罗·罗默提出作为生产要素的知识，相较于传统的资本能够带来较为可观的回报率。知识对于组织的重要性日益突出，组织拥有的知识及其对知识的开发和利用能力成为其对应市场竞争的利器，成为其可持续发展的不竭源泉。组织对知识加以管理，并对知识的共享、转移、整合和创造，以期最大限度挖掘所拥有知识的价值潜能。在知识管理诸多环节中，员工间的知识共享是最为重要的环节，知识共享是知识提供者通过一定的传递渠道，将知识传递给知识接受者且被知识接受者吸收的过程。通过知识共享，可以创造知识的指数级增长，提高组织成员正确识别组织环境及快速适应的能力，而组织通过整合员工的互补性知识可以实现知识创新。可见知识共享作为一种独特的、有价值的和关键的资源，对获取竞争优势极为重要（Nonaka and Takeuchi，1995；Parahalad and Hamel，1990；Hong et al.，2004）。Wagner（2007）将企业内部知识共享的影响因素分为情景、文化和机制。Lin Hsiu - Fen（2015）认为组织文化、工作态度、企业领导和信息媒介是影响知识共享的四个方面。因此，纯粹的经济激励很难充分调动员工积极性，而基于声誉和互惠关系等社会要素的利他行为被认为是知识共享发生的重要原因。

1. 知识共享的内涵界定

根据关注的视角：①将知识共享视为一种交换过程，如 Bartol 和 Srivastava（2002）认为知识共享是个体和他人共享组织的相关信息、观点、建议和专长。Connelly 和 Kelloway（2003）认为知识共享是关于交换信息或帮助他人的一组行为；Hoff 和 Ridder（2004）认为知识共享是个体间相互交换他们的（显性和隐性）知识并联合创造新知识的过程。②将知识共享视为一种转化过程，如 Ipe（2003）将个体间知识共享定义为个体的知识转化可以被其他个体理解、吸收和使用的过程。区别于知识转移是借助行政力量干预实现的。知识共享是知识转移的前提和基础，知识通过个体间的共享上升为集体知识，进而在部门间发生转移。

2. 知识共享的测量

针对知识共享的内容测量问题，Hoff 和 Ridder（2004）按照知识的流向将知识共享划分为两个维度：知识贡献即将某人的智力资本和别人沟通，知识收集即向同事咨询以使同事共享其智力资本。Cho 和 Lee（2004）按知识共享的程度将知识共享划分为共享的范围（scope）和共享的多样性（diversity）两个维度。Zarraga 和 Bonache（2003）则按知识管理环节将知识共享划分为知识转移和知识创造两个维度。针对知识共享的不同维度划分将直接影响企业对知识的获取和转换。

从产品流通过程看，知识共享使得传统的制造企业进行知识扩散，具体环节包括：产品设计，产品试生产、运行，成果检验等环节。绿色创新的设计就需要围绕相关的具体环节进行创新，在产品设计阶段，充分利用大数据分析技术、人工智能技术等寻找消费者的潜在消费需求，挖掘绿色市场。针对消费者对产品的绿色需求，构建符合市场需要的绿色产品进行相应的产品生产，然后开展产品运营管理。在这一过程中，最需要加强原材料的绿色化，加强对工艺流程的绿色化监管，包括对废水、废渣的利用，防止污染物的排放。成果检验主要是考虑产品的污染物含量、重金属含量是否做到绿色环保，并且根据市场的反馈，对相关的工艺过程进行更正和改进，不断完善绿色创新知识管理系统内的相关信息沟通工作，加强绿色产品的市场推广经营活动，通过将新产品提供给用户进行体验，获得有效的用户反馈，通过知识流从消费者到企业的逆向流动，提升企业产品和技术的绿色研发水平。

3. 绿色创新过程中知识共享的具体作用

通过绿色知识共享，企业可以将生产流通等各个环节有机地结合在一起，从系统上提升绿色创新成果的生产效率。在市场推广过程中，企业就能充分发挥知识管理的具体作用，及时了解客户的潜在需求，根据客户的意见及时反馈相关的知识信息，并对这些信息进行集中处理，从而符合客户偏好。

针对不同企业绿色产品进行知识共享的具体过程，本章构建绿色知识共享模型。企业间进行绿色创新的知识共享周期不断缩短：

假设 1：绿色创新系统中存在着知识共享的两方：⎰制造企业 1，高校及科研院所 2⎱ 或者 ⎰制造企业 1，制造企业 2⎱。同时，假设两方的知识共享目的在于通过知识共享获得的整体收益最大化。

假设 2：双方博弈是知识共享从 t_0 开始，在 T 时刻终结。假设两个博弈群体在某一时间点如 k 时的知识共享量为 $x_i(k)$，知识共享意愿为 $s_i(k)$，进行知识共享的单位成本系数是 λ_i。根据以往研究，本章提出如下知识共享博弈模型。同时，由于知识共享的成本和知识共享的分享意愿有关。为此，构建博弈双方的知识共享成本函数可以表示为知识共享意愿的二次凸函数。

$$C_1(s_1(k), k) = \lambda_1 s_1(k)^2 c_1 \tag{4-11}$$

$$C_2(s_2(k), k) = \lambda_2 s_2(k)^2 c_2 \tag{4-12}$$

知识共享博弈模型：

$$\pi_1 = \max_{s_1(k)} \left\{ \int_{t_0}^{T} e^{-\gamma k} [u_1 s_1(k) - \lambda_1 s_1(k)^2 c_1] ds + e^{-\gamma k} \varepsilon_1 x_1(T) \right\} \tag{4-13}$$

$$\pi_2 = \max_{s_2(k)} \left\{ \int_{t_0}^{T} e^{-\gamma k} [u_2 s_2(k) - \lambda_2 s_2(k)^2 c_2] ds + e^{-\gamma k} \varepsilon_2 x_2(T) \right\} \tag{4-14}$$

在这一模型体系中，两个企业间的绿色知识共享的变化受制于如下的动态系统：

$$\frac{\partial s_1(k)}{\partial k} = 2\lambda_1 s_1(k) - r s_1(k) s_1(t_0) = s_1^0 \in S_1 \tag{4-15}$$

$$\frac{\partial s_2(k)}{\partial k} = 2\lambda_2 s_2(k) - r s_2(k) s_2(t_0) = s_2^0 \in S_2 \tag{4-16}$$

其中，u_1 是知识共享的边际收益系数且 $u_1 > 0$，γ 为固定的贴现率，ε_i 可以理解为知识的未来适用因子，衡量知识共享未来的效应。

根据模型可知，知识溢出和知识共享对企业绿色创新绩效的提升有显著作用，而知识共享过程中带来了社会成本增加，在一定程度上降低绿色知识供给者对绿色知识的独占性。总之，知识共享能够显著提升企业绿色创新能力，对企业的生存和发展有重要的意义。

第四节　新时代企业绿色创新的平衡机制研究

绿色创新绩效既需要考虑经济绩效也需要将绿色绩效作为企业发展的重要指标。为此，绿色创新一定要在投入和产出之间寻求较长时期的动态平衡。为此，需要从两方面进行提升绿色绩效，其一，政策支持，如特定行业的投入属于持续性投入，而产出受到多种因素影响，这就需要政府进行一定的财政政策和税收政策的补贴。如电动车产业的发展就需要政府制定优化汽车节能环保的相关政策，推进节能汽车补贴政策和税收优惠政策。其二，将技术方案一次性投入必须符合降低运行成本回收的需要，这样才能保证企业的绿色创新战略的可持续发展。换句话说，企业的绿色创新必须保证企业有利可图。企业进行绿色创新的长远目标仍然是获得一定的经济效益以保证企业生存和发展，为此，企业需要在创新过程中考虑到产品的质量等因素。通过绿色创新活动提升产品的有效性。如陆特能源总部位于杭州国家级高新区，是一家地热能综合开发利用全产业全商业模式的开放式平台，在浅层地热能开发利用领域（地水源热泵中央空调系统）居于行业龙头地位。公司秉承着创造高品质低碳生活的理念，将"成就客户、开放诚信、求真务实、开拓创新、卓越团队、回报社会"作为核心价值观。通过可再生能源技术、储能技术、智慧系统等领域已获近 200 项知识产权。陆特能源凭借多年行业经验及先进科研优势，积极探索浅、中、深地热能立体开发技术，综合利用以清洁能源为主体，可再生能源为核心，通过构建以地热技术为主的"地热＋"或以其他清洁能源为核心的"＋地热"模式，为城区、大型公共建筑供能、提供能源互联网建设及运维，并助力城市集中供热供冷、既有建筑节能改造、交通融冰、农业温湿控制等领域实现低能耗甚至近零能耗运作。通过绿色实践，最终实现了企业利润和环境效益的平衡。企业绿色专利和企业绩效之间呈现显著的正相关关系。研究表明：企业的绿色产品或绿色产业增长主要通过绿色实用新型专利推动。绿色创新的平衡机制的核心是经济绩效和环境绩效的平衡。其中，经济绩效主要考虑企业技术扩散能力、结构优化水平、综合发展水平等指标。环境绩效主要考虑资源利用效率和环境治理效果以及绿色空间水平等。

借鉴系统科学对协调的定义，协调的关键是保证各个指标之间的均衡发展。任何一种价值的增长均不能以另一种价值的降低为代价。本章就需要运用多元价值均衡发展理念。理解协调过程从协调适配的角度考量企业绿色创新的整体绩效。平衡的关键是运用多指标体系的绿色创新绩效评价。企业绿色创新的本质就是追求经济效益、生态效益以及社会效益的平衡和统一。绿色创新需要考虑绿色效益的种类繁多，这些效益因素都会与企业目标相互作用，通过外部的环境影响企业的目标价值取向。平衡的关键是综合考量企业所处的社会外部环境包括政治环境、经济环境、文化环境、社会舆论等各种要素，通过法律规范协调生态指标的依法依规执行，通过社会舆论强化绿色环保行为的常态化。

通过绿色绩效评价，在宏观上可以加强对生态环境的有效保护，而从企业角度，可以及时调整经营策略，及时发现运营过程中经营管理和环境保护的问题。提升企业的经济效益和企业形象。将经济可持续发展作为企业的核心目标，不断加强企业员工的环保意识培养以及生态意识培养，通过社会舆论宣传提升大众对绿色创新的认可。可见，绿色创新不仅仅是一种单纯降低生产成本、提高经济效益的创新活动，更是一种经济、资源、环境相协调的管理模式和调控机制。绿色创新过程的实质是将资源成本、环境成本作为重要的成本要素计入生产成本，扩大生产成本的概念。通过技术创新活动，不断提升企业对污染的治理活动，提高产品生产过程中的清洁技术和绿色智能装备技术。围绕企业绿色产品供给目标，不断进行绿色创新活动，加强生产过程的绿色化、智能化以及可再生循环进程。将绿色创新活动作为系统性活动推动产品和服务创新、制度创新和组织创新等过程，进一步推动企业的绿色升级转型，最终构建出符合市场要求的绿色、高效、低碳环保的生产体系。从而转变固有的高投入、高消耗的粗放型发展模式，为实现经济和资源环境的协调统一奠定基础和动力。

第五节　青山控股有限公司案例

青山控股有限公司（以下简称青山控股）起步于 20 世纪 80 年代，2003 年 6 月注册成立第一大集团公司——青山控股集团有限公司。业务领域覆盖制造、销售、仓储、投资、进出口贸易等各领域，主要生产不锈钢钢锭、钢棒、板材、线材、无缝管等产品，广泛应用于石油、化工、机械、电力、汽车、造船、食品、制药、装潢等领域；同时生产新能源领域的原材料、中间品及新能源电池，主要应用于储能系统和电动汽车等领域。

敢为人先、守正创新，是青山快速发展的生命力所在。多年来，青山控股从未停止过在技术、工艺、管理等领域推陈出新，获得诸多技术创新专利，其中多项专利对促进行业进步产生了重大影响。

青山控股首创全球第一条全程热送一体化不锈钢生产线，不仅降低了能源消耗，更减轻了各类排放对环境的影响，改变了不锈钢生产的传统模式，实现了镍铁和不锈钢一体化生产的历史性突破，为世界不锈钢冶炼节能减排树立了标杆，开创了世界不锈钢生产的新时代，是世界不锈钢发展史上的重大创新和里程碑。

青山控股下属各公司已累计获得数百项实用新型专利和发明专利，诸如全程热送一体化技术等多项专利对行业产生了巨大影响。由青山自主创新的氩氧脱碳精炼系统装置，获得了国家实用专利。该装置简化了不锈钢冶炼程序，节省了能源，提高了生产效率，改善了产品质量，降低了生产成本。同样获得国家实用专利的，还有既能实现钢液低温出钢，又能实现恒低温浇注的水平连铸中间包加热装置。为保证企业在产品和工艺上的不断创新，青山建有技术先进的研发中心和设施完善的研究院，并通过国家 CNAS 等认证，在一贯制生产工艺方面和新品种开发方面成果显著。青山成功开发了超级双相不锈钢、沉淀硬化不锈钢、400 系列不锈钢、易切削不锈钢、耐热不锈钢、气阀钢、模具钢等系列产品。

2020 年，青山控股凭借雄厚的企业实力与突出的行业贡献，位列《财富》世界 500 强企业第 329 位。多年来，青山控股荣获无数奖励与奖项，连续数年获得包括《财富》世界 500 强、中国企业 500 强、中国民营企业 500 强、中国制造业 500 强等荣誉称号。

案例启示：青山控股始终将绿色创新发展方向和企业利润发展方向视为一体，围绕绿色产业整体进行研究，不断推动企业利润的增长。在战略层面，已经将企业的可持续发展置于和技术、人才、客户等同等重要的位置，并将企业绿色发展目标作为企业的战略重点。即便经过企业间残酷的市场竞争，对可持续性的重视也没有得到减弱，相反不断得到强化。在企业运营层面，将可持续战略和日常业务进行无缝对接。一方面，寻求长远的可持续发展之际关注清洁能源、水资源领域以及减少废气废水等领域的可持续性，加强环境方面的资金投入。另一方面，在面临追求短期效益的压力下不断做出变革，将绿色产品作为高端化目标产品，不断提升产品的质量和品牌效益，从而提供满足用户新需求的产品和服务。此外，在构建长期目标和短期目标无缝对接的问题上，通过多种手段不断引导消费者做出正确的选择，不断培养用户对可持续产品和服务的偏好。通过财务手段和心理激励等措施向消费者传播有关的绿色消费行为信息，引导消费者改变相关的消费行为。在绩效和薪酬体系构建过程中，也将个人薪酬和企业的环保成效挂钩，通过内部组织的控制变革，提升了绿色产品的品牌形象，为公司赢得了竞争优势。

第五章 新时代企业绿色创新行为系统过程研究

党的十九大报告指出，中国经济已经迈入高质量发展阶段，高质量的社会发展的基础必然是企业的高质量发展。衡量高质量发展过程中的一个重要的指标要素就是强调绿色战略，即通过构建企业绿色发展战略目标加强企业转型升级，不断提升企业对外部环境的适应能力，增强战略变革对绩效的正向效应。资源的禀赋量、企业的组织、绿色技术能力等因素共同构成了企业绿色创新的核心要素。企业的制度建设成为构建企业发展的重要支撑骨架，通过构建完善的制度体系最终形成合理的网络结构，从而有助于企业中观层面的网络关系形成。从创新过程来看，绿色创新需要企业通过增加资本、人力资源、物质资源等不断扩张企业绿色创新的生产链条，将生态环保标准作为企业产品供给的基础。推动组织的变革和发展，特别是创新行为不仅仅是企业本身的行为，更应该作为企业和其他机构的联动行为，围绕关键共性绿色技术、绿色前沿技术等加强企业间或企业与科研机构间的协同创新，共同提升绿色产品的生产质量、企业潜在收益以及相应的品牌影响力，最终构建完善的绿色创新行为系统。将企业绿色创新作为企业发展的主体，不断深化价值理念和生产模式的绿色转型，不断增强企业对市场需求的变化尤其是绿色产品和生态服务的把握识别能力。从系统论角度，可以将绿色创新的内外部要素各个环节等相整合并作为一个体系，不断提升企业对绿色成果的消化、吸收和应用能力，通过绿色创新活动推动企业的研发、生产、营销等环节的创新管理能力。充分挖掘人才资源优势，不断推动企业—高校—政府协同绿色创新的工作机制，通过多方面系统联动，不断优化市场环境，通过构建完善高效的监督服务体系，加强绿色创新的可持续性发展以及绿色创新成果的快速市场转化和高效应用。从绿色创新行为系统具体内容来看，这一系统涵盖了不同的生产、研发技术，这些技术需要不断地融合，不断地汇聚，包括绿色生产技术、能源利用技术、智能生产技术等，通过技术领域的协同，最终产生巨大的经济和社会效益。同时，这一系统又是一个动态开放的系统，绿色技术创新又和新的商业模式、整个产业业态、融资模式、管理模式以及其他绿色产业政策和政府创新机制相联系。

现有针对企业绿色创新活动的文献关于企业绿色创新行为的发生、展开、价值获取等过程的研究极其有限，未来研究应加强企业绿色创新行为过程研究，使我们更好地理解企业绿色创新行为。具体而言，①运用组织理论（制度理论、利益相关者理论、资源基础观、高阶理论、网络嵌入理论）等分析企业绿色创新的前因后果。另外，整合现有理论，具体阐明绿色创新对企业价值获取的影响。②加强企业绿色创新的纵向案例研究以及多案例比较研究，以发现企业绿色创新在不同阶段、不同行业（如制造业和服务业）的差异及其原因。

第一节　新时代企业战略转型和绿色创新的价值影响

绿色技术创新价值的提升源于 1991 年哈佛大学迈克尔·波特教授提出的"波特假说"，即适当的环境规制将对企业的技术创新起到刺激作用，这一作用有利于企业减少生产费用并提高产品的生产质量。最终使得企业在产品市场上获得市场竞争优势。从社会价值来看，绿色发展、循环经济和低碳环保等理念体现了人与自然的和谐共生、融合发展，这一发展理念具有典型的社会价值导向。从目标实现过程看只有坚持资源节约、生态保护和环境治理才能实现企业的可持续发展，通过具体的创新活动推动人的全面进步和社会全面进步。从市场价值角度：其一，绿色技术创新的应用使得企业加快绿色技术的研发、扩散和绿色产品的制造生产。这促使企业通过投资活动如投资新设备、新工艺和新产品积极实现转型，从而提升产品的市场价值。其二，绿色技术的应用引发严格的环境规制，这可能导致部分企业的生产成本增加，产品价格提高并导致市场竞争力下降，而污染排放的投入可能挤占了原本进行环保型技术研发的资金和人力，最终可能导致产品的绿色属性提高而其他品质并未得到提高，从而使得产品的市场价值有所下降。针对这一现象，本章提出了"绿色悖论"，即产品的绿色化可能导致企业的生产成本提高、产品品质下降，最终失去市场竞争力。出现这一悖论的原因在于市场的短期效应。企业如果较为积极进行环境整治，在其资源总量不变的情况下，投入环境的资源量越多，其投入产品生产过程的资源量就会越少，客观上会挤占企业部分的发展资源，即存在"挤出效应"，最终影响企业的发展。为了避免这种外部挤出效应，这就需要政府制定一定的环境规制政策，从宏观上对那些不进行环境保护的企业予以惩罚，提升它们的排污成本。从而保护那些进行环境保护的企业。从供应链各环节来看，企业的转型升级就需要将价值链上的所有增值环节实现要素再组合，并将价值增值环节发展到营销服务、研发等各个市场环节，从而有利于企业竞争优势的增强。

一、绿色创新的经济价值

企业通过绿色创新活动能够给消费者带来全新的绿色产品或服务，而围绕绿色产品或服务的相关生产包括清洁生产设备、环保设备的经营等以及绿色消费品在市场的广泛应用都可能给企业带来更高收益。特别是通过绿色创新，企业可以对产品进行单独定价，提升绿色产品的市场价值。并通过高市场定价和品牌销售行为获得高额利润。从这个角度，绿色创新的潜在收益其实要高于普通创新。从外部环境价值来看，企业通过绿色创新，使得企业的外部经营环境有所提升，同时对产品的污染物排放大幅度减少，绿色产品的生产资源得到了有效的优化配置和利用，甚至对某些资源进行循环利用。最终使得所有社会成员都能获得相应的效益，这就是企业运用绿色技术负载的最高经济效应。

绿色创新的本质是一个企业进行价值创造的过程（见图 5－1）。相关的具体环节直接影响着企业的经济效益即产品通过绿色创新的产生、绿色产品的研发、绿色产品的生产、绿色产品的制造、绿色产品的回收等周期过程，有效实现产品的市场经济价值。其所有环节最终都是把相关的绿色技术、知识等内化为企业的核心竞争力。通过绿色知识和知识载体将价值内化到产品和社会服务中去。产品绿色创新的过程就是价值创造的过程，通过技术要素和非技术要素包括战略、市场、组织、文化等进行相应的整合和协同，最终实现产品的品牌价值。

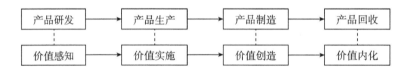

图 5 - 1 企业绿色价值创造过程

价值创造与经济价值创造过程类似，企业的绿色创新价值主要分为三个阶段：

（1）绿色创新的价值感知阶段。首先，企业在绿色创新过程中需要感知客户的实际需求，将对产品的客户感知价值和产品实际价值作出对比。其次，通过科学的手段和方式预测需要进行绿色创新的具体环节，对相关价值属性的思考需要有前瞻性的思维，通过有效的技术发展预测和战略预判确定企业绿色创新的实施方向。而这一方向直接影响到企业的盈亏，与企业的经济目标密切相关。

（2）绿色创新的价值实施阶段。企业通过整合内外部资源，包括对内部的企业团队组织设置、技术积累分析、风险管理决策等进行研判。通过有效的实施手段将绿色产品予以展现，最终企业实现绿色价值。

（3）绿色创新的价值创造过程。根据企业绿色创新的完成情况，特别是对绿色产品经济价值的量度需要进行绿色价值的评判，包括创造有形的产品价值以及无形的社会价值、环境价值等。

根据企业进行绿色价值创造过程可知，绿色价值的创造是一个闭环的价值创造系统，这就需要企业整合内外部资源构成完整的价值链网络，实现生产企业的绿色技术创新，构建一个灵活的、有效率的和用户交流的体系，中间包括模块化、关联化、专属化的价值链模式。相应的价值链增值活动分为主要环节活动和维持性活动，其中的主要环节包括绿色产品实物创造、向供应商的产品销售、向终端客户的绿色产品售后服务。维持性的价值活动主要涉及后勤绿色管理活动、技术研发活动、经营管理活动等。在绿色价值创造过程中企业通过文化创新加快对知识的获取，不断提升价值链的各个环节并提升各环节的层次，通过价值环节的要素优化和资源配置，获取和增加产品的市场竞争优势，从而向消费者转移尽可能多的绿色价值。另外，价值创造的关键是构建庞大的研发体系，不断加强合作研发网络，推动团队技术创新，从专业研发逐步向学科交叉会聚转型。减少产品对环境的压力，提升环境要素对企业绿色创新的价值。不断开辟绿色市场，引领消费者提升环境意识，扩大绿色消费，不断拓展已有的绿色产品市场空间，在提升企业绿色信息的过程中，为企业创造更多的绿色竞争优势。

二、企业绿色创新的异质性和同质性

党的十九大报告指出："建设现代化经济体系，必须把发展经济的着力点放在实体经济上，把提高供给体系质量作为主攻方向，显著增强我国经济质量优势。"其路径核心是坚持可持续发展，提高供给质量，在绿色创新过程中坚持新旧动能转换，提升绿色产品。从发展方向看，企业绿色创新是以绿色发展和生态文明为价值取向，以实现经济和社会的可持续发展为企业的长远目标。从具体过程来看，绿色创新的实质是不断推进企业绿色经济的发展，是绿色经济的基本发展形态，通过创新研发绿色技术，降低能耗和物耗，保护和修复生态环境，推进经济社会与自然和谐发展的过程。为此，不同的行业领域，其绿色发展的过程和目标都存在着一定的异质性。从企业创新的过程来看，企业的绿色创新目标是一致的，其核心指标包括经济绩效和绿色绩效也是一致的，对企业的发展方向也是一致认可的，即企业的绿色发展过程又存在一定的同质性。围绕绿色技术运用的特征，在广泛市场调研的基础上，本章归纳提炼出技术品种密集型、高新技术密集型和专业技术密集型三大类典型产业企业，重点就其技术创新过程及路径的差异性进行分析。第一类是以汽车、家电等产业为代表的技术密集型企业，该类企业的产品比较复杂，涉及的技术领域比较多，企业规模比较大，创新的主要任务是面向市场需求对复杂产品和生产技术进行渐进性改进；第二类是以生物制药、信息和通信、新材料等产业为代表的高新技术密集型企业，该类企业的产品中高新技术含量很高，技术主要来自学术研究和基础研究的突破，创新的主要任务是面向新兴和潜在的市场及时有效利用基础研究中出现的重大技术机会，开发新产品；第三类是以元器件、仪器和软件等领域为代表的专业技术密集型企业，这类企业很多是大企业的供应商，其产品及其生产涉及的技术品种比较少，但在其涉及的专业技术领域内要求的技术水平高，创新的主要任务是针对大企业用户的需要，将新技术应用于自己的产品和生产过程。绿色企业进行绿色创新的关键是将生态过程的特点引申到企业中来，从生态绩效和经济绩效两方面目标出发，考察工业产品从绿色设计、绿色制造到绿色消费的全过程，构建企业生态和企业经济发展的协调关系。

三类企业绿色创新的同质性在于这些不同类型企业一开始就运用绿色创新几乎消除造成污染的根源，实现集约、高效、无废、无害、无污染的绿色生产。在绿色创新整个过程中，对于绿色成本控制路径的创新和企业利润管理的创新都十分重要。由于绿色供应链涉及的具体环节很多，成本的控制既需要进行严格的生产成本的控制，也需要进行人力成本和经营成本的控制。特别是在企业进行绿色创新过程中，需要减除不必要的成本开支，适当提高部分人力成本，通过增量的薪酬部分提升全体员工进行绿色创新的动力，为企业创造更多的绿色价值。在利润管理方面，需要提高管理绩效，推动以管治管的模式，将绿色价值生成环节同企业利润有效结合起来，以满足盈利的需求。

三类企业进行绿色创新的异质性在于：各种类型企业进行绿色产品生产和环境保护的协同方向不同。传统企业进行产品生产时往往通过各种机械的、物理的和化学的方法对废气、废水、废渣进行净化处理。传统工业的缺陷在于将产品生产和环境保护分离。绿色创新的核心思想是绿色产品生产和绿色工艺开发的一致性，通过大力开展绿色技术创新不断推动绿色发展。为此，企业需要创新清洁生产技术、资源循环利用技术、污染监控技术以及预防污染的工艺技术等，通过一系列防患于未然的绿色防患技术构筑绿色经济的物质基础。这就需要企业在绿色创新过程中不断整合固有的各种资源，在管理模式、管理制度、管理内容和管理方法上都进行创新。将管理服务深入到具体的绿色创新环节之中。其中，第一类技术密集型企业侧重于绿色生产技术和绿色管理模式创新，第二类侧重于对绿色管理内容的创新，而第三种专业技术密集型企业侧重于绿色管理方法的创新。

可见，不同类型的企业要将绿色创新落到实处，就需要企业根据内外部实际情况作出战略性整合，基于企业长远发展目标作出具体的绿色管理创新工作。既要考虑市场的需要，不断优化绿色品牌建设和绿色渠道建设，打造知名绿色品牌，提高绿色产品的知名度和科技能力，更需要从企业文化着手，将绿色理念深入到企业生产和经营活动的具体环节，将企业的软实力发展同绿色管理水平有机结合起来，保障企业经济发展方向不偏离正常轨道。

第二节　新时代企业绿色创新行为系统机制研究

在过去相当长的一段时间，企业的技术创新往往依赖于企业对固有生产经验的积累和对现有生产技术、生产水平和生产能力等的改善，相关的创新实践往往围绕企业自身产品展开，创新行为较多的与企业自身的技术储备、管理实践相一致。然而，随着经济的快速发展，企业的内外部经营环境发生了巨大的变化。其中，企业的外部市场环境主要包括政治环境、经济环境、技术环境、法律环境等。相关环境要素的改变都可能影响企业的技术创新活动。企业内部环境主要包括企业的组织架构、企业的商业运营模式、企业的管理体制、企业的文化氛围等，会对企业具体的创新资本投入、人才配置等产生巨大的影响。特别是在"互联网＋"时代，随着信息技术在企业产品研发、技术革新、客户挖掘等方面的广泛运用，企业面临的信息媒介背景下的内外环境要素改变已经成为影响企业技术创新的重要因素。单纯依靠企业自身的技术能力、资金投入、人员配置等进行产品研发和技术创新的难度已经很大，市场风险很高。为此，企业迫切需要通过引入与之相匹配的外部资源包括外部资金投入、外部技术引进、外部高端人才引进等，推动企业内外部资源与企业管理实践相结合，经过创新协同提升各种资源的有效整合程度，提高资源的利用效率，加强产品研发和技术创新的效率。国内外众多企业研发实践和相关技术创新理论研究都表明：企业和大学、科研院所乃至政府机构等具有异质性资源，通过各个机构的有效协同能够更好地加强不同资源的合理配置，提升资源的配置效率，从而显著提高研发的成功率和产品的市场转化率。

根据系统论的相关研究表明：各个子系统相互作用产生的效果远远大于各单个子系统产生的效果，子系统之间相互作用的过程也就是协同的过程。在协同创新过程中，各个机构共同组成一个相对完备的研发系统。每一个独立市场机构则形成一个研发子系统，包含了众多系统要素，各系统要素相互协调，共同发展，但各要素之间也存在着较大的差异化。因而，各系统要素的有效整合至关重要。特别是通过协同创新，能够有效对各方系统要素进行优化配置，加强系统资源的有效互补，从整体上提升资源的有效利用率。在多方协作的共同目标前提下，加强科技成果的市场化转化，通过企业的具体管理和市场化运作，将协同方合作的技术创新的成果引入市场并实现产品的完全市场化，最终获得企业的经济效益，从而推动社会经济的发展。在这一过程中，就要将企业的排污权、水权、用能权等相关的基础数据建立起来，通过将企业排污、环境违规行为与金融机构信贷审批相联系，发挥信贷资金对企业履行环境责任的引导作用。通过政府或行业的相关政策引导，鼓励对环境保护做得好的企业加强融资支持；而对那些乱排污染物的企业则提高融资难度。最终推动广大企业加强清洁生产。

企业绿色创新行为系统是企业进行绿色创新过程中形成的与绿色技术创新密切相关的创新活动以及创新资源配置等形成的组织系统和关系网络。绿色创新系统一般具有几个特点（见图5-2）：其一，协同性。企业在绿色创新过程中需要将经济绩效和绿色绩效相结合，这意味着企业需要将市场利润和社会效益协同，将二者目标有机结合。其二，开放性。企业绿色创新行为系统与社会经济发展、企业产品生产、环境保护监管等多种因素有关，呈现典型的非线性特点。这就意味着这一系统不断地和周边的环境因素、生产因素、传播因素、监管因素等进行广泛的联系，最终形成庞大的非线性网络。这一网络需要系统终端进行有效的市场反馈，保证系统能够有效地运行。其三，动态性。绿色创新行为系统是一个动态变化的系统，内部的各种资源包括信息资源、人力资源、资金资源甚至政策等关键要素资源都处于动态变化之中，企业需要和各级科研机构、政府等进行有效的组合、相互渗透、相互作用、相互激发，促进各个动态要素资源进行必要的整合，推动各个动态要素之间的协调，最终实现各个要素资源的优化平衡，提高创新的效率。其四，不确定性。绿色技术创新系统是由不同类型的要素构成了一个庞大的非线性系统，各个要素之间相互影响，特别是绿色生产有关的要素和系统之间相互作用，导致创新结果的不确定性。由于绿色创新和政府的监管政策密切相关，随着对环境保护和治理要求的提升，政策的监管也将处于动态变化之中，这往往导致绿色技术创新的不确定性。此外，由于绿色创新的收益是绿色绩效和经济绩效的平衡结果，两者的动态变化则直接影响绿色创新的收益变化，为此，其收益也存在一定的不确定性。其五，非线性。由于绿色创新演化发展是诸多内外部要素相互作用的结果。绿色技术创新主体创新能力不同，则获取资源、信息质量之间也存在着差异。这一协同的运行涉及绿色生产变量、绿色回收变量、信息传播变量、组织运行变量、社会监管变量等，各个变量之间相互联系，相互影响，并非单纯的作用。为此，绿色创新系统的协同既要有竞争意识也要有紧密协作的团队精神，共同推动创新活动的成功率。

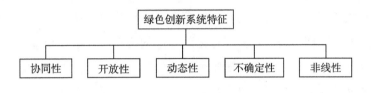

图 5-2 绿色创新系统五大基本特征

第三节 新时代市场导向下绿色转型创新体系路径研究

从创新的整体过程来看，创新是一种模式化的、系统化的过程。即绿色创新的整体过程是一种非均衡分布于各部门、时间和空间的创新过程。从整体来看，绿色创新的绩效涉及企业自身的利润、研究机构的研发、社会的绿色成本等，更依赖于三者之间的协同运转过程和相互作用。1987年，英国经济学家弗里曼首次提出了国家创新系统的概念，即通过公共部门和私营部门等各种部门机构共同组建成有效的网络，这些机构的活动和相互影响共同促进了新技术的开发、引进、改进和扩散。企业绿色创新最终形成了一个社会系统，内部由各种要素和联系在新知识的生产、扩散和使用过程中相互作用、相互影响。同时该系统又是一个动态系统，往往以正反馈和再生产为绿色创新的基本特征。构建绿色创新体系的关键是坚持节约资源和保护环境的基本国策，围绕生态文明，以解决环境突出问题为目标，以激发绿色技术市场需求为突破口，以壮大创新主体、增强创新活力为核心，构架企业为主体、产学研深度融合、资源配置高效的绿色技术创新体系。首先，构建绿色创新体系应当坚持绿色发展理念，贯彻人和自然和谐共生的理念。一方面，企业需要积极创造有效的绿色创新环境，特别是构建完善的内部创新环境，进一步对固有的绿色技术标准体系进行改进或提升，使产品的绿色化水平不断提高；另一方面，积极进行技术革新，不断降低能耗、减少污染和改善生态技术供给和产业化。其次，以市场为导向构建完善的创新体系。企业在绿色技术研发、成果转化过程中，始终将目标消费者的市场需求作为企业研发的方向，围绕相关的需求积极选择创新资源配置方式和相应的技术。最后，企业需要构建较为完善的管理机制。企业绿色创新体系的构建涉及很多因素，其主要维度至少包括政府、企业、用户、科研院所和高校、技术中介、基础设施等。围绕绿色创新的基础设施主要包括金融、中介、风险资本，创新标准和规范、知识产权和信息等。其中技术中介包括一切从事企业绿色创新的相关中介企业。这就要对各个要素进行整合，不断完善体制机制，强化服务，通过企业与外部各类研发生产组织之间有效的合作，不断吸收、引进先进绿色技术并加以市场推广，全面提升企业的绿色技术创新的国际化水平。

一、企业创新系统的构建过程

企业进行绿色创新过程中所构建的绿色创新系统是一个相互作用的参与者（企业、组织和政府机构）共同构建的系统，他们各自相互作用的方式直接影响着经济的整体创新绩效，并受到一些因素的影响。包括知识基础设施、绿色制度构建、绿色消费需求、绿色生产结构以及政府政策调控等（见图5-3）。其中，知识基础设施主要涉及与企业绿色创新密切相关的基础条件，包括高素质、高技能的绿色创新人才、绿色知识机构（创新企业、科研机构、图书馆、档案馆等），这些绿色创新基础设施和形成的绿色创新知识网络成为知识基础设施的重要组成部分，最终推动了绿色创新的知识生产、扩散和有效利用。绿色创新和社会环境利益密切相关，这就需要企业制定相关的绿色创新发展政策，包括直接促进绿色创新的经济政策和补贴政策，以及间接推动绿色创新的科技政策、教育政策、收入分配政策、社会保障政策等。通过一系列政策的颁布最终实现企业绿色创新。企业的生产结构也在很大程度上影响了绿色创新的过程。不同行业、不同产业间的绿色创新基础不同，如传统制造型企业就面临较为苛刻的绿色创新生产结构，而战略性新兴产业在推动绿色创新方面就具有较强的基础。涉及绿色创新的某些制度，包括金融制度、奖励制度、知识产权制度、税收制度等则从制度层面奠定了绿色创新的基础。消费需求结构，特别是潜在消费者对绿色产品的需求成为企业创新的核心动力和未来的增长机遇。

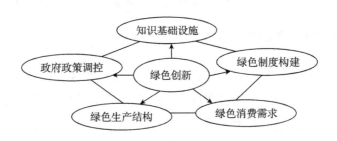

图 5 - 3　绿色创新系统模式

从企业绿色生产的全过程来看，企业进行绿色生产需要进行原材料的采购，这一阶段就需要进行原材料的绿色购买，保证企业进行创新时的生产资源是环保有效的。随后，企业将原材料进行制造加工，保证产品具有可持续性，生产过程采取绿色工艺、降低对环境的负面效应。通过各种途径的市场营销活动将产品进行销售，包括产品的外包装、产品的消费理念等都要体现绿色环保理念。最后，通过企业的经营活动尽可能创造绿色消费理念，提升用户的绿色产品需求（见图 5 - 4）。

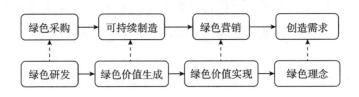

图 5 - 4　企业绿色产品价值链生成过程

企业进行绿色创新的过程中，需要在政府主导下，以企业为主体，社会组织和公众共同参与构成有效的生态环境治理体系和绿色创新体系。该体系的建设核心是构建完善的绿色供应链，对固定污染源实现全过程管理和多污染物协同控制。在创新过程中，始终将市场机制作为企业绿色创新的准入机制，通过有效的技术手段打破固有的地域壁垒，减少资本市场的准入限制。充分利用现有的大数据技术、移动互联网等信息技术手段，推动政府—企业信息共享、产业链上下游企业信息共享机制，加快产业链生产一体化，提升企业对外部环境监测水平，不断完善监控体系的构建等，通过信息活动，使价值链生成和创新发展相一致。

二、企业绿色创新的基本路径

伴随着中国经济发展进入新常态，企业需一步完善绿色创新的相关活动，通过降低环境污染、节能减排、提高科技含量、改善人力资源配置、加强产业结构调整等活动帮助资源型企业健康持续、稳定的发展。一方面，通过对传统产业结构转型升级，加快淘汰高污染高排放的落后产能。制定严格的环保标准和惩罚政策倒逼经济结构优化。另一方面，围绕消费者对绿色产品的需求，加强对绿色低碳产品的开发力度，不断增强绿色产品的有效供给。大力发展绿色、低碳、循环的经济模式。以战略性新兴产业为基础，不断推进现代服务业、数字信息智能化产业、节能环保产业等，提升绿色产品的价值并提高经济增长质量和效益。为此，本章认为企业绿色创新的基本路径在于通过绿色创新格局的变化和体制的变革构建适合企业绿色创新的完善体系，共同推动企业绿色创新发展。

第一，构建绿色技术创新的新型格局。围绕社会经济发展培育壮大一大批绿色技术龙头骨干企业，布局一批绿色技术国家工程研究中心、创新中心和科技资源共享服务平台等创新基地。加强对绿色环保产业的开发力度和投资力度，在环保基础设施建设上，针对重点耗能行业节能环保综合整治，严格控制固体废物和城镇生活垃圾及危险废弃物处理设施建设，构建完善的系统性生态修复和资源回收利用系统。

第二，完善绿色技术创新管理机制和监管体制。对绿色技术涉及的产品研发、中试、成果转化、产业化应用等全过程进行系统全面考核，建立健全绿色技术创新方向的引导、人才流动、技术交易和风险补偿等机制，推动绿色产品生命周期和安全链绿色认证等，政府等部门应对企业的创新行为给予必要的政策支持，减少不必要的政府干预。

第三，不断完善企业绿色创新的外部环境建设。特别是优化绿色技术创新的宏观法律法规制定、优化绿色技术知识产权保障，优化企业融资体系构建、鼓励地方政府通过担保基金等方式对绿色技术创新成果进行优先转化提供担保和风险补偿。继续完善相应的环境经济政策和绿色贸易政策，针对资源环境的关系，不断改善相应的税费征收政策和环境价格政策。通过价格机制对资源和环境加以补偿，在加大政府绿色发展投入的同时，不断引导社会资本进入绿色产业和绿色行业，扩大绿色溢出效应并培育发展绿色环保产业和绿色环保市场。此外，由于绿色技术创新涉及产品的更新换代，需要企业不断拓展外部市场，客观上要求企业进一步加强改革开放，扩大外部市场和国际合作，将绿色技术创新文化进行广泛传播，并且将绿色创新理念深入到企业研发和生产的各个环节之中。首先，企业应坚持绿色创新理念，围绕绿色技术构建符合产品生命周期的绿色产品，围绕节能减排、降低损耗等要求不断加快技术创新活动。其次，将绿色产品的市场需求作为企业创新的方向。绿色创新的核心是围绕市场的需求，积极构建满足市场需求的绿色产品，充分发挥市场"看不见的手"的作用，坚持产学研一体化深度融合，协同发展。从技术发展角度来看，围绕绿色技术创新的关键技术需求包括在固体废弃物综合利用、煤炭清洁高效利用、建筑节能、绿色能源、海洋资源开发利用等关键领域开展研发重大项目，不断突破关键技术、仪器设备和核心工艺等技术瓶颈。再次，通过各种措施构建绿色创新的保障体系。由于企业绿色创新系统具有动态性和不确定性，各个要素之间相互联系、相互影响。为此，在企业进行绿色技术创新过程中，坚持外部合作和内部创新相结合的方式，积极参与环境治理，提升创新的有效性和创新活动，积极吸收国内外先进的绿色技术，并结合企业自身特点加以创新利用，加强产品的成果转化率。最后，由于绿色转型和创新需要终端市场对绿色产品的认可，这就需要通过各种手段倡导绿色消费，引导全民加强资源节约，倡导简约低碳的消费文化。引领社会公众、政府公众、社会组织等全民参与绿色社会发展和绿色社会治理。真正形成全产业链的绿色创新协同模式，最终促进企业和社会的整体发展。

第四节　海亮集团有限公司案例

诞生于 1989 年的海亮集团，乘改革开放之天时，借浙江先发之地利，凝聚勠力同心之人和，成就了一个中国民营企业从小到大、由大变强的典范。集团管理总部位于杭州市滨江区，现有境内外上市公司3家、员工2万余名，总资产超570亿元，产业布局12个国家和地区，营销网络辐射全球。2019年，集团营业收入1879亿元，综合实力位列世界企业500强第468位、中国企业500强第117位、中国民营企业500强第24位、浙江百强企业第5位。旗下的海亮教育集团是国内首家在美国上市的基础教育集团、中国民办基础教育的标杆，海亮股份在亚洲、美洲、欧洲设有15个生产基地，是全球铜管棒加工行业的标杆和领袖级企业。海亮集团拥有六个业务板块：有色金属、地产、农业食品、环保、基础教育、金融。

近年来，海亮集团秉持"既讲企业效益，更求社会公德"的发展理念，优化高质量发展的产业结构，聚焦教育事业、有色材料智造、健康产业三大核心领域，致力于为人民美好生活提供"海亮方案"。根据规划，力争至2025年，在教育领域成为办学与科研实力超强、品牌超一流的民办教育集团，在有色材料智造领域成为全球铜加工国际巨匠，在健康领域成为国内具有较强影响力和竞争力的健康产业集团。

海亮集团发展分为三个阶段：第一阶段（1989～2000年），成立诸暨市铜业公司；1995年创立诸暨市海亮外国语学校；1996年成立浙江海亮铜业集团有限公司；2000年成立海亮集团有限公司。第二阶段（2001～2010年），2004年，浙江浙大海元环境科技有限公司成立，2008年在深交所上市。第三阶段（2011年至今），系统创新阶段。其中，2015年，海亮教育在美国纳斯达克挂牌上市，成为民办基础教育在美上市"第一股"。2017年，海亮集团调整发展战略为：教育事业有限发展，大有作为；有色材料智造跨越发展，再有作为，健康产业稳健发展，有所作为；2018年合作成立杭州海亮馨蕙馨医院，进军医疗领域。投资61亿元建设"海亮有色智造工业园"。

从生态发展来看，海亮集团不断推进农业生态服务创新。其下属品牌明康汇秉承"让更多百姓买得到、吃得起安全的菜"的使命，始终坚持"既讲企业效益，更求社会公德"的发展理念，致力于提供安全的全品类生鲜农产品，满足人民群众的食品消费升级需求，为社区家庭解决"最后500米"的生鲜食材购买难题，从而实现了从小我到大我、从事业到善业的蜕变——迄今累计投资近30亿元，在华东地区拥有近 200 家生鲜门店，在国内及澳大利亚建成 14 个高生态标准的种植、养殖基地，配套自建农产品检测和物流加工体系，全程冷链仓储运输，实现全产业链闭环建设。

从生态服务创新来看，海亮集团下属的明康汇始终将生鲜安全作为创新的核心目标，明康汇将不忘初心、始终坚信食材品质才是核心竞争力，以"只卖安全的菜"为宗旨，不断夯实全产业链安全保障体系，致力于为广大百姓提供安全、健康、口感好的生鲜食品，为百姓舌尖上的安全保驾护航。

案例启示：海亮集团的创新过程就是典型的绿色系统创新。通过供应链系统的绿色创新过程，将绿色产品推向市场。其一，绿色系统创新的关键是构建完善的创新系统，加强对绿色系统内各个要素的协同作用。不断加强对内外部资源的有效利用，围绕节能环保、清洁生产、清洁能源、生态农业等领域进行技术创新，相关活动涵盖绿色产品设计、生产、消费、回收利用等所有环节。其二，从企业绿色创新的战略过程来看，企业始终将创新发展作为绿色创新的核心动力，不断加强基础设施建设和服务体系建设，不断推动资源的优化配置，加强绿色技术与绿色产品的成果转化。充分发挥市场在绿色技术创新领域、技术优化选择、创新资源配置中的决定性作用，从环境治理末端到绿色生产的全生命周期加强管理，推动了绿色创新的管理活动。其三，积极进行引进、消化和吸收，大力加强协作，不断提升绿色创新水平。通过有效的绿色服务和体制的完善，提升绿色技术创新的市场回报率。在产品终端，加强信息监管，通过市场端逆向反映到企业端进行有效的资源整合，促进成果的转化和应用。

第六章 新时代不同因素对企业绿色创新的作用机理研究

新时期企业进行绿色发展面临着产业转型、产业环境和企业网络关系。企业绿色转型往往覆盖整个供应链，涉及整个供应链环节的动态变革过程。在中观层面，行业的环境规制、资金保障以及国际间的企业协同合作等都可能影响企业的绿色创新活动。企业进行绿色转型升级往往受到从宏观到中观再到微观多层次因素的交互影响。其中，影响企业绿色创新的重要因素包括外部环境因素和内部组织因素。环境因素又包括环境规制压力因素、社会规制压力因素、外部竞争因素等。内部因素主要包括绿色创新能力因素、冗余资源因素和高管环保意识因素等。其中，环境的动态性成为影响企业进行绿色转型的重要客观因素，其可以推动企业通过优化资源配置有效地利用资源，从而能够抓住高动态环境的机遇，提高企业对于外部环境的适应能力，通过有效的企业组织变革、资源利用提升企业正向的绩效。然而，环境的变化也在一定程度上影响了企业的市场选择和发展，加剧了企业技术创新和绿色转型的不可控性。从整体看，主要影响因素既有外部环境相关因素，也有内部有关的资源支撑、技术因素和组织因素等。从内容看，相关的制度能够有效影响企业整体的发展方向，通过完善的制度体系形成完善合理的网络结构，从而有利于企业中观层面的网络关系形成。不同的要素通过网络关系传导到末端形成企业间的动态信号传导，最终影响到企业的绿色转型升级。

1995 年，Porter 和 Linde 提出了波特假说，其核心观点在于对环境的科学和强制性规制无论对环境保护还是对企业发展总是有利的。环境规制的作用在于不断推动企业克服市场失灵，并追求被其他人忽视的投资机会。通过技术创新，企业可以有效地提升资源的配置效率，结合市场化的定价策略提升生产效率（见图 6-1）。

图6-1 环境规制下对资源配置的影响过程

根据波特假说，"环境"和"经济"并非静态矛盾。相反，两者具有双赢性。正确的环境规制能够提示企业已有的资源可能产生的低效率现象，并提示企业进行绿色创新的潜在方向。使得企业环境因素和经济因素形成动态的均衡。此外，有效的环境监管能够提升企业的环保意识，推动企业绿色创新由"外生性"向"内生性"转变。减少企业由于进行绿色投资所造成的系统性风险。从市场角度，通过环境规制，一定程度上可以改变激烈的市场竞争，确保那些通过有效投资环境的企业能够树立良好的品牌形象，通过有效的产品定价获得较高的市场利润，从而赢得市场份额。

深入考察不同绿色创新影响因素之间的交互效应以及对其他影响因素与绿色创新之间可能产生的交互效应或调节效应，可以发现：①研究某一层次影响因素与其他层次影响因素之间的交互可能对绿色创新产生的影响。如组织冗余与高管认知的交互可能对绿色创新产生重要影响，因为前者能为企业绿色创新提供所需的资源和能力，后者又能把这些资源和能力有限配置于绿色创新，从而推动企业的绿色创新。②研究某一层次影响因素和其他层次影响因素与绿色创新之间可能产生的中介效应或调节效应。如组织的外部网络嵌入可能影响高管认知再作用于企业的绿色创新行为。③研究组织或个体层次的影响因素对绿色创新的作用。其一，考虑企业并购、公司治理和公司创新等相关因素对企业绿色创新的影响。其二，考虑个体层次影响因素，例如高管人口统计特征对企业绿色创新的影响，通过引入更多的理论，如委托—代理理论来解释个体层次的影响因素作用与企业绿色创新的内在机理。

第一节 层次交互效应对绿色创新的影响机制研究

2015年，中国颁发并实施了新《中华人民共和国环境保护法》。这一法规的实施对环境规制的要求也更加严格。从短期来看，企业为了提升基础环保水平，都在污染防治和绿色综合治理方面投入了巨大的人力和物力成本。从长期来看，通过有效的环境规制，企业对不可再生资源的利用率进一步提高，对能源的使用也更加有效。企业进行绿色创新的动力也进一步提升。由于绿色创新的科技成果难以直接通过企业转化为社会生产力。为此，可以将企业进行绿色创新的过程作为典型的产品生产过程。

本章利用柯布—道格拉斯生产函数研究绿色创新投入和产出的关系，即将企业绿色生产的整个过程作为多元要素的投入过程，通过构建模型衡量不同要素的投入对创新产出的定量关系。其中，将 GTP 表示绿色创新产出，GRD 表示绿色创新 R&D 投入。GHR^α 表示绿色创新过程中的人力资本投入。λ_1，λ_2 分别表示资金投入系数和人力资本投入系数。此外，企业在绿色创新过程中往往受到环境管制（ERI）、市场规模（MS）、个体因素（IF）、文化因素（CF）的影响。这些因素作为控制变量也会影响到企业绿色创新的投入进而影响后期绿色创新的产出，不同的要素作用于不同的企业所产生的效用不同，故每一个要素都存在一定的投入系数。为此，构建出适合绿色创新发展的绿色创新投入产出基本模型：

$$GTP = \lambda_1 \lambda_2 \lambda_3 \lambda_4 \lambda_5 GHR^\alpha GRD^\beta ERI^\gamma MS^\delta IF^\epsilon CF^\theta \qquad (6-1)$$

为了缓解多变量的多重共线性和方程的异方差性，对上述模型进行求对数，可知，关于投入产出的线性方程模型：

$$\ln GTP = \lambda_1 \lambda_2 \lambda_3 \lambda_4 \lambda_5 + \alpha \ln GHR + \beta \ln GRD + \gamma \ln ERI + \delta \ln MS + \epsilon \ln IF + \theta \ln CF + \varepsilon$$

$$(6-2)$$

考虑各个要素和阶段时间点 t 有关，可以将上述模型转变为下述模型：

$$\ln GTP_t = \lambda_1 + \lambda_2 + \lambda_3 + \lambda_4 + \lambda_5 + \alpha \ln GHR_t + \beta \ln GRD_t + \gamma \ln ERI_t + \delta \ln MS_t +$$
$$\epsilon \ln IF_t + \theta \ln CF_t + \varepsilon \qquad (6-3)$$

其中，各个变量含义如下：

被解释变量。为了衡量一定的绿色投入对企业的创新产出的影响，本章将绿色创新产出（GTP）作为被解释变量或预测变量。根据相关研究主要通过专利指标对绿色创新进行衡量。因为专利申请往往和绿色创新的发展方向相一致。绿色专利指标包括绿色工艺专利和绿色产品专利。

解释变量。为了分析企业绿色创新的结果，本章用解释变量或者可控制变量来衡量各种不同要素的绿色投入对企业绿色创新产出的影响。本章通过构建经济计量模型分析各个解释变量对企业绿色产出的具体作用。其中解释变量主要包括六个，分别是绿色创新 R&D 投入、绿色创新人员投入、环境规制强度、市场规模、个体因素、文化因素。

第一，绿色创新 R&D 投入。本章认为绿色研发投入主要包括绿色设备引进、绿色技术改造等。特别是对工业废气物包括废水、废气、废渣的处理和治理投资。

第二，绿色创新人员投入。该变量主要是指从事绿色创新人员的成本投入。可以用人均研发成本和人均研发产出比作为相应的衡量变量。

第三，环境规制强度。从环境规划政策上考虑环境规制强度的大小。特别是用排污费收入来衡量。

第四，市场规模。该变量认为市场的产品需求量、市场潜力、市场竞争程度等都影响企业的市场利润。

第五，个体因素指的是不同受众参与企业绿色创新的态度、投入程度等。该变量认为不同受众的目标需求和参与程度存在一定差异。

第六，文化因素指的是企业进行绿色创新时对相关绿色文化的认可程度，文化对绿色创新的影响程度等。该变量认为文化也是影响组织绿色创新的内在动力。

根据相关计量回归模型可知，企业绿色创新同各个绿色投入要素密切相关。不同要素的投入程度都将直接影响企业的绿色创新产出。为此，企业应当充分发挥绿色创新 R&D 的市场投入和人均 GDP 对绿色技术创新的推动作用。一方面，通过构建完善的政府—企业—融资部门的多元化投资体系，不断增加企业的绿色创新 R&D 的资金投入。特别是需要通过多种融资方式增加财政经费在绿色创新 R&D 投入中的比例，并通过经济杠杆、政策措施和导向、约束机制等引导和鼓励企业主动增加绿色创新 R&D 的市场投入。另一方面，政府应当加强对绿色创新产出和投入的规制，强制对相关绿色创新的投入，促使企业降低污染排放。政府应当牵头加强企业绿色技术的研发及外部引进，不断提升绿色技术创新产出效率和降低污染环境的双重目标。

第二节　外部网络嵌入性对企业
绿色创新的影响机制研究

　　企业进行绿色创新过程中，面临着内外部的要素影响。如果我们将系统内部的各个元素作为节点，元素之间的关系视作必要的连接，那么系统就构成了一个庞大的网络。从系统整体来看，系统功能的实现离不开复杂的系统结构，企业进行绿色创新过程中所抽象出来的网络就是一个复杂网络。即由数量巨大的节点和节点之间错综复杂的关系构成的网络结构。1998 年，Watts 和 Strogatz 首先提出了"小世界网络"模型。1999 年，Barabasi 和 Albert 提出了无标度网络模型。人们把具有小世界、无标度这些特性的网络定义为复杂网络。复杂网络可以用来理解较为复杂的系统，其中无标度网络是一个符合幂律的度分布网络，通过分析无标度网络的动力学特征有助于理解复杂网络的典型特性，如无标度、小世界性、聚集系数高的特性。

　　企业进行绿色创新是一个无标度网络，特别是中小企业进行绿色创新合作的关系众多，在绿色创新过程中抽象化为拓扑模型，即把中小企业、科研院所、中介机构、地方政府等都抽象为网络中的不同节点，节点数目越多，企业所形成的网络越庞大，不同连接所形成的层级也越多。当节点确定以后，不同组织之间进行绿色创新合作或扩散所形成的关系即可抽象为两节点之间的边的连接。最终企业绿色创新网络可以抽象为一个图 $G = (V, E)$。图 G 存在着 M 个节点，这些节点代表不同的组织机构，N 条边代表不同组织机构之间的合作联系。$V = \{v_1, v_2, v_3, \cdots, v_m\}$ 形成节点的集合。$E = \{e_1, e_2, e_3, \cdots, e_n\}$ 形成边的集合。最终，企业进行绿色创新形成的网络就构成了 M 个节点和 N 条边的无权重无向的连通图。其中，一个节点和任意节点相连的边数称之为该节点的度，度是描述网络局部性的基本参数。$p(k)$ 表示图 G 的度分布，即相关节点恰好和其他 k 个节点相连接的概率。通过度分布函数可以计算出其他表征全局特征参数的量化行为。

$$p(k) = f(k)/N \tag{6-4}$$

　　其中，$f(k)$ 表示为网络中节点度为 k 的节点数目。

在传统的网络结构中，主要沿用 Kermack 和 McKendrick 在 1927 年提出的动力学方法构建 SIR 传染病模型。通过构建 SIR 模型，可以有效反映绿色创新网络之间的各节点的连接关系。

一、SIR 传播模型

SIR 模型将全部传播总数量分为三类：易感者，其数量表示为 $S(t)$，表示 t 时刻企业可能进行绿色创新传播的人数；染病者，其数量表示为 $I(t)$，表示 t 时刻已经获得绿色创新知识并且能够继续传播绿色创新知识的人数；恢复者，其数量表示为 $R(t)$，表示 t 时刻已经从传播者中移出的人数。假设总人口为 $N(t)$。

$$N(t) = S(t) + T(t) + R(t) \tag{6-5}$$

在任意的时间 t，如果 S 态节点和 I 态节点相连接，则 S 态节点以一定概率 α 变成 I 态节点。同时，I 态节点也以一定的概率 β 变成 R 态节点，定义感染强度为 $\lambda = \dfrac{\alpha}{\beta}$。这里，认为 λ 是文化的传播强度。这里用 $S_t(k)$，$I_t(k)$，$R_t(k)$ 分别表示在某一时间 t，所有度数为 k 的节点中处于 S，I，R 态的节点的比例或密度，则 SIR 传播模型的传播过程可以用下面的传播微分方程组表示：

$$\frac{dS_t(k)}{dt} = -\lambda k S_t(k)\varphi(t) \tag{6-6}$$

$$\frac{dI_t(k)}{dt} = \lambda k S_t(k)\varphi(t) - I_t(k) \tag{6-7}$$

$$\frac{dR_t(k)}{dt} = I_t(k) \tag{6-8}$$

$$S_t(k) + I_t(k) + R_t(k) = 1 \tag{6-9}$$

$$\varphi(t) = \frac{I_t(k)\sum_k k p(k)}{k} \tag{6-10}$$

对微分方程求解可以得到累计增长曲线的表达式。这一模型属于典型的 Logistic 增长模型，具有明显的 S 形曲线特征。即该模型在初期形成绿色创新网络时由于内外因素可能导致企业突破临界点后迅速增长，这表明企业进行绿色创新扩散开始的时候速度较快，这主要是由于绿色网络形成的局部强联系导致的。进入到传播后期，绿色创新扩散速度变得很缓慢，这主要是由于部分连接节点已经和固有节点形成所谓的"免疫"状态，延缓了信息扩散的效率。

二、绿色技术创新扩散的鲁棒性模型

绿色创新网络通过不同的层级节点连接形成，层级间的信息传递会呈瀑布样放大的效果，即所谓的"级联效应"（cascade）当某个环节出现障碍时会导致级联失效的现象产生，这对整个网络都有影响。衡量绿色创新网络级联失效对整个绿色创新扩散传播的破坏性，本章用网络效率函数 $E(G)$ 来度量绿色技术创新扩散传播的鲁棒性。构建企业绿色技术创新扩散传播的鲁棒性度量模型如下所示：

$$E(G) = \frac{1}{N(N-1)} \sum_{v_i \neq v_j \in V} \frac{1}{d_{ij}} \qquad (6-11)$$

其中，N 是网络中的节点数目；d_{ij} 定义为节点企业 i 和节点企业 j 的绿色技术创新的传播距离。$E(G)$ 表示所有企业进行绿色技术创新扩散传播过程延时的平均值。故由该模型可知，网络扩散效率和节点数目以及企业间的传播距离呈反比。这实质上反映了企业绿色创新的传播效率依托于复杂网络各节点，并与网络间距离和其承载内容有关。

在企业绿色技术创新扩散过程中，需要重点构建以企业为中心的核心节点运行。由于绿色创新复杂网络的节点众多，结构异常复杂。节点之间的关系也错综复杂，在绿色创新过程中，各个环节变化都可能导致网络内部运行的效率降低。因此，需要企业优化核心网络。强化网络的度分布。在绿色创新过程中，积极优化整个网络，构建以核心企业绿色创新联盟的复杂网络。其一，通过企业自身的绿色创新带动上下游企业的合作绿色创新。其二，强化网络的管理和协同治理活动，由于复杂网络本身处于动态交互过程中，因此，企业需要进一步提升优化合作模式，将企业推导一个优先合作的位置。并且在绿色创新过程中构建完善的末位淘汰机制，不断强化合作效能。通过企业—科研机构—政府等合作，形成有效的科技创新联盟。

从复杂网络的结构来看，网络中建立一定的"捷径"就能大幅度提升网络传播的效率，降低平均最短路径，从而提高企业进行绿色的新网络效率。连通这些捷径的关键在于不同创新网络之间的有效连接，特别是核心节点的相互联系。

由于核心节点在复杂网络中的主体性和特殊性，在绿色创新过程中需要强化网络节点间的作用和影响，不断强化企业绿色创新的战略中心节点作用，推动其他节点与该节点的较少连接。绿色创新战略是企业长期发展的重要组成部分，也是企业可持续发展的重要保证。特别是对大企业而言，其需要通过绿色创新开发具有原创性的科学技术，创建自己的绿色产品品牌。并且通过构建高新技术产业孵化，将新产品和新技术进行产业化，提高企业整体的绿色创新竞争力。当然，在整个创新过程中，也不能忽视小节点，需要尽可能地带动小节点，并积极引进新的节点，完善企业间绿色创新知识共享和扩散，积极推动企业绿色创新的进程。在构建新的网络过程中，不同类型的组织可以共同承担合作风险，共享合作成果，尽可能地扩大合作的广度并促进合作的深度。通过面对面的合作或者面对点的合作，使得企业进行绿色创新的合作范围更加广泛，内容更加深入。

根据鲁棒性的特点，作为网络的大节点，需要增加网络的连通性，充分发挥网络大节点的风险。加强网络中的团队协作，提升网络和子网络的运行机制建设。包括节点的选择、连接方式、节点的管理、节点连接的评价等，通过创新活动，推动整个复杂网络健康发展，减少网络中的孤立节点。无论是网络还是子网络，通过优化节点间的联系，推动整个复杂网络发挥最大的功能。在整个复杂网络构建过程中，应当构建以科技创新人才为核心的孤立节点向融入复杂网络的多节点模式转变，通过交流合作提升创新效率。通过网络间的联系构建完善的网络连接关系，加强复杂网络协同创新，推动复杂网络创新资源的有效利用。将所有参与单位的资源整合起来，共同发挥绿色创新资源的主体性，积极挖掘创新主体的内部创新资源，同时构建绿色创新联盟运行效果的检验和评价体系，优化网络间的连接，最终促进复杂网络的连通性，这一连通状况直接影响到企业绿色创新活动状况。

第三节　个体影响因素对绿色创新的双向调节机制研究

面对复杂的工作环境和激烈的市场竞争，不断提升组织中的员工创造性成为组织行为学领域研究的热点。个体因素对企业创新的影响源自 20 世纪 50 年代，影响企业创新的个体因素主要包括人格特征、认知风格、内在动机、知识、自我效能和角色认同等多个方面。个体的能力、素质、潜力等是决定个体对组织贡献大小的重要因素。已有研究表明：个体的人格特征越显著，则个体进行创新的创造性越高。个体内在动机越强烈，企业进行创新的创造力也越显著。从个体角色来说，创造力是个体进行创新的基本能力，这一能力往往是一些新颖而有用处的思想。创新活动则是将这些创造力付诸实施的全过程。可见，创造力是创新的第一步也是先决条件。在组织中，从人尽其才的角度，员工需要具有一定的权力以自我确定具体的工作内容和职责范畴。从管理者的角度，员工的创造能力和创新能力可以提高和发展的，需要通过在知识共享或在实践经验中不断提高。从组织角度，员工的能力体现很大程度上依赖于个人的价值观的改变，即个体的价值观对能力的运用既可以起到促进作用又可以起到制约作用，企业进行有目的有意识的主导价值观教育，能够推动员工创新水平的发挥。由于绿色创新涉及个体和群体的环保意识、企业的污染治理等多个要素和环节，为此，组织需要进行有效的激励机制设计。通过必要的市场激励和人员激励，充分考虑到员工的综合素质、能力水平和个人发展要求等，将目标设置、工作安排与这些因素相匹配，最终推动企业绿色创新的顺利进行。

从学习的角度，良好的组织学习将会提升组织的文化氛围和员工的文化素质，从而有利于员工加强绿色创新的意愿和绿色创新的接受程度。本章研究走访了浙江省内 100 余家企业，通过深度访谈或调研问卷形式，了解了企业家个体因素对企业绿色创新的影响。研究表明：企业家精神、教育水平和领导力、企业家心理和绿色偏好等因素都直接影响企业的绿色创新效率。其中，拼搏进取、不断奋进的企业家精神将会极大地正向影响企业进行绿色管理创新。相反，相对保守的企业家则对支持绿色创新并不十分关注。教育水平则会影响到企业家对进行绿色创新风险的评估和认知，从而影响企业创新的效率。此外，企业家心理和绿色偏好因素也会影响企业的绿色创新活动，特别是当企业面临较大的经济绩效困境时，如果企业家心理承受能力弱，则会更多地偏好降低绿色创新活动。相反，如果企业家的心理素质足够高，具有较强的创新动机，当企业面临巨大的经济困境时，会更有勇气和意愿去迎接不确定性，仍然会通过其他措施加快绿色创新。因此，绿色偏好会显著影响企业的管理创新活动。

从知识能力角度来讲，个人学习能力越强的企业家越容易学习绿色创新有关的知识和信息，并且通过对知识的归纳、总结和提炼，最终进行知识的内化，从而有利于对绿色创新提出相关的建议和指导。从风险角度来看，如果企业家对绿色创新的风险偏好较低，则不愿意承担由于绿色创新所带来的市场风险和经营风险。此外，研究发现，当企业家的沟通能力较强时，也更容易和下属员工进行绿色创新问题的交流与决策，最终影响企业进行绿色创新活动。相反，具有丰富行业经验的企业家在绿色创新过程中则呈现两极化倾向，一部分企业家支持绿色创新，认为绿色创新有利于提升企业的绩效，对企业的产品品牌形象起促进作用。另一部分企业家则明确反对绿色创新，认为绿色创新会降低企业的绩效，影响企业的生存和发展。

个体因素对企业绿色创新的影响并非直接起作用。相反，个体因素往往通过企业在生产经营过程的其他环节予以体现，特别是个体因素往往与企业规模和发展的具体阶段密切相关。当企业市场规模较大，企业经营效果较好时，企业对经济绩效的追求动机下降。相反，对社会服务和社会绩效的追求动机提高，企业更加注重绿色管理创新。从产品生命周期来看，处于成长阶段的企业则更加愿意通过绿色创新提升企业的产品绿色水平，提高产品的研发效率，也会更加注重产品和技术的研发。相反，处于衰退期的企业则不愿意进行绿色创新，而是更加注重对原有产品的销售和进一步开发以获取最后的产品利润。

总之，本章研究表明个体因素会显著性影响企业的绿色创新效率。为此，首先，需要企业改变固有的管理模式，善于挖掘企业内部的管理缺陷并作出相应的调整。其次，对企业家而言，需要不断提升自身的知识能力，完善自己的知识体系，对绿色管理知识和经验进行有效的归纳、总结，不断提高自己的绿色知识的获取能力和转化能力。此外，企业家群体需要了解员工的心理、行为和具体动机，鼓励员工不断提高自身的创新能力，加快企业创新活动，不断推进企业的绿色管理创新。最后，企业家需要更多地关注不同行业的发展动态，围绕企业所处行业变化加强相关行业的知识积累和技能储备，为企业进行绿色创新奠定更多的理论基础和分析工具。

第四节　浙江荣盛控股集团公司

浙江荣盛控股集团总部位于中国浙江省杭州市，始创于1989年，目前已发展成为拥有石化、化纤、房产、物流、创投等产业的现代企业集团，截至目前拥有总资产2000多亿元，位列中国企业500强第143位、中国民营企业500强第33位，中国石油和化工民营企业百强第2位。2019年浙江荣盛集团实现销售收入2056亿元。目前集团已拥有荣盛石化、宁波联合等上市公司，上市产业涉及石化、房产等领域。

从产业链发展来看：荣盛是中国民营石化龙头企业之一。在石化化纤板块坚持"纵横双向"的发展战略，即纵向不断向上游做长产业链，横向不断做新产品。目前集团已布局从炼化、芳烃、烯烃到下游的精对苯二甲酸（PTA）、MEG及聚酯（PET，含瓶片、薄膜）、涤纶丝（POY、FDY、DTY）完整产业链。集团在浙江舟山布局的4000万吨/年绿色炼化一体化项目将形成世界级大型、综合、现代的绿色石化基地，其中一期工程已于2019年底全流程打通。位于宁波石化经济技术开发区的中金石化芳烃项目具备200万吨年产能，于2015年建成，单系列规模业内领先。位于宁波、大连和海南的三个PTA生产基地具备1350万吨的年产能，近年规划超过2000万吨，是全球最大的PTA生产商之一。位于集团杭州总部的聚酯纤维基地拥有110万吨聚酯及纺丝、加弹配套年产能，技术和装备具备国内先进水平，并在积极筹备新的差别化功能性纤维项目。

从产业扩张版图来看：企业在深耕石化、化纤板块的同时，集团逐渐将产业延伸到房地产、创投等多个领域，并在相关领域实现了具有自身特色的发展路线，企业的经济效益和绿色绩效都有显著的提升。荣盛集团始终坚持以"绿色、诚信、高效、创新"为核心理念，在自身发展的同时，勇挑社会责任，不断引领行业走向绿色、集约、创新的发展模式。同时以开放、包容的姿态积极拥抱全球一体化发展，一直以来与全球众多客商保持了友好合作，并在国际市场的份额逐年扩大。

从企业绿色产品生产过程来看：集团积极推行清洁生产，除不断加强废水废气处理的硬件设施外，还积极开展节能减排技术改造，提高环保节能水平，集团主要子公司均已通过环境体系认证。

案例启示：根据该案例可知，荣盛集团始终将绿色环境治理作为企业创新的方向，通过有效的环境管理体系，形成与企业发展密切相关的绿色创新网络。特别是作为民营石化巨头，行业产能已经成为龙头：一方面，通过规模化，实现石化产业的聚集发展。另一方面，在高值化利用方面，石化企业已经研发出不同层次的高质量的石化制品。不断提升石化附加品的回收利用，不断提升产品的绿色价值。在以市场为导向的过程中，始终通过节能环保、清洁生产、清洁能源、生态环境保护与修复、城乡绿色基础设施等领域，涵盖石化产品设计、生产、消费、回收和利用等环节的技术。

第七章 基于绿色创新的企业
供应链调节机制研究

  企业绿色创新的目标是生产出适合企业绿色发展的产品。随着企业绿色产品生产与消费者绿色产品消费理念的匹配，消费者的购买决策越来越与产品的绿色设计、能耗水平、有害物质含量以及可回收性等指标密切相关，即使绿色产品需要消费者支付更多的成本，消费者也愿意为此支付必要的成本。从整个产品供应角度出发，企业在绿色创新过程中，实际涉及企业原材料的供应、终端产品的销售等具体环节。一方面，企业通过绿色产品创新，开发出更加绿色、环保的原材料，通过增加产品的绿色度而提升产品的市场价值和社会价值。另一方面，企业也可以通过具体的工艺创新，加强原有工艺流程的改进，不断降低原材料的浪费，提高资源的利用效率。特别是企业可以通过逆向绿色物流的方式，回收固有的原材料和能源，提高原材料和能源的有效利用率。简言之，企业的绿色创新与供应链的绿色供应密切相关。事实上，为了鼓励供应商不断提供更加绿色的产品，终端的销售企业也往往采取延长合作期限的方式。已有研究表明：制造型企业实施绿色管理将提升供应链的经济绩效和环境绩效，最终推动企业的绿色化产品生产，促使更多的参与者积极参与到企业的绿色化产品生产的全过程。从供应链角度，大型零售企业不断发展和壮大，一定程度上推动了供应链的渠道结构出现多元化的趋势，即存在制造商为主导的供应链也出现了零售商为主导的供应链，特别是在新时代环境下，渠道结构的变化对供应链成员的决策、系统的评估等具有一定的影响。通过供应链企业间的绿色协同互动，规避市场风险，有助于实现企业间目标的一致性以及整体利益的最大化。特别是在绿色供应链体系中，要求供应链上下游联动发力，最大程度地降低企业进行创新过程所产生的负外部性，提升上、下游绿色创新的一致性。

第一节　基于绿色供应链的企业绿色创新博弈分析

绿色供应链的理念，最早由密歇根州立大学的制造研究协会提出。这一概念强调从产品的原材料采购开始，企业需要通过各种追踪手段，保证原材料的绿色环保，在产品设计阶段遵循绿色环保，而在产品回收阶段，同样需要采取各种手段防止产品给环境带来危害。早期的绿色供应链只涉及了环境保护和能源节约两方面。随着现代供应链技术的发展，绿色供应链的内容涉及供应链的各个环节，包括绿色产品采购、绿色制造、绿色销售、绿色消费、绿色回收和绿色物流。其中，绿色产品采购指的是企业在产品生产采购过程中需要充分考虑外部环境因素，尽量降低原材料的使用和减少污染物和废弃物的产生。绿色制造指的是在产品生产的生命周期内，尽可能减少对环境的污染、减少对人体的伤害，提升产品的使用寿命。在产品销售和消费过程中，倡导消费者选择有益于公众健康的绿色产品，使用产品过程中避免对环境的污染，加强资源的有效利用实现可持续消费。绿色回收和绿色物流则保证企业在回收处理以及物流运输过程中尽可能减少对环境的危害，提高产品的运营效率。围绕绿色产品生产的全部过程，本章提出了基于供应链的企业绿色创新过程，即产品在供应链的每一个环节都要加强绿色创新。构建制造商—零售商—用户的三级供应链模式。具体模型构建如下：

假设企业生产产品的投入成本 $C(g) = \varepsilon e^2/2$，其中，ε 为产品的绿色成本系数，$C'(g) > 0$，$C''(g) > 0$，即绿色投入成本是产品绿色度的凸函数，企业绿色创新过程中的投入成本随绿色度的增加而增加，且绿色边际成本呈递增趋势。首先考虑一个制造商一个零售商的情况：假定制造商和零售商形成长期的合作伙伴关系，制造商承诺长期以固定的价格 ω 销售给零售商，制造商的绿色创新包括绿色技术研发、绿色生产制造等的绿色水平为 e_m，零售商的绿色创新包括绿色促销、绿色销售活动（外包装等的回收利用）绿色水平为 e_r，零售商以固定价格 p 销售给消费者。

根据市场需求，做出以下假设：

（1）假设制造商的单位生产成本为 c_m，制造商通过绿色创新，产品的绿色水平增加为e_m，消费者对绿色创新生产的偏好程度为θ_m，那么增加的市场需求为$\theta_m e_m$；

（2）假设零售商的零售成本为c_r，消费者对绿色创新营销的偏好程度为θ_r，那么增加的市场需求为$\theta_r e_r$；

（3）假设市场固定需求标准化为1，市场需求和零售价格负相关，和制造商与零售商的绿色创新水平呈二次函数关系，那么得到相应的需求函数如下：

$$q = 1 - p + \theta_m e_m^2 + \theta_r e_r^2 \tag{7-1}$$

假设企业绿色创新投入不能增加产品的边际成本，企业进行绿色创新的相关成本投入是一个固定成本，与企业的绿色创新水平的平方成正比关系。假设制造商进行绿色创新的成本系数为λ_m，企业进行绿色创新的成本为$\frac{1}{2}\lambda_m e_m^2$，这表明随着绿色水平的提升，企业所需的成本呈几何级数递增。构建模型求得制造商的利润函数如下：

$$\pi_m = (\omega - c)(1 - p + \theta_m e_m^2 + \theta_r e_r^2) - \frac{1}{2}\lambda_m e_m^2 \tag{7-2}$$

假设零售商进行绿色创新的成本系数为λ_r，绿色创新成本为$\frac{1}{2}\lambda_r e_r^2$，则求得零售商的利润函数如下所示：

$$\pi_r = (p - \omega)(1 - p + \theta_m e_m^2 + \theta_r e_r^2) - \frac{1}{2}\lambda_r e_r^2 \tag{7-3}$$

则供应链的总利润函数可以表示为：

$$\Pi = \pi_m + \pi_r = (p - c)(1 - p + \theta_m e_m^2 + \theta_r e_r^2) - \frac{1}{2}\lambda_r e_r^2 - \frac{1}{2}\lambda_m e_m^2 \tag{7-4}$$

在该模型中，供应链成员决策满足典型的 Stackelberg 博弈过程。即两阶段下的完全信息动态博弈，博弈的时间是序贯的。在该博弈过程中，先作出决策的一方称为领导者，剩余的决策者根据领导者的决策进行决策，然后不断调整，直到达到纳什均衡。第一阶段，制造商是领导者，制造商是目标利润最大户，博弈决定绿色产品批发价格ω和绿色创新水平e_m；第二阶段，零售商成为博弈的追随者，在零售商观察到制造商的决策（ω，e_m）后，为了使零售商利润最大化，决定绿色产品的零售价格p和进行绿色度的努力水平e_r。

该模型可以利用逆向归纳法求得 Stackelberg 博弈的最优解。首先将零售商的决策变量带入制造商的利润函数，求得制造商的决策变量，再将所有变量代入整个供应链的利润函数，求得整条供应链的最大利润。

此外，在进行模型构建过程中，也可以考虑制造商、零售商等对风险的偏好程度。特别是进行绿色创新过程中，企业面临的市场风险非常大，对于风险厌恶者来说，企业可能不愿意投资过多进行绿色创新。相反，对于风险偏好型企业来说，企业可能愿意投资更多进行绿色创新。根据模型，企业构建绿色供应链时需要考虑绿色创新的周期问题，在供应链过程中，上下游企业进行相互协作，有利于企业相应市场需求，并且加快绿色创新的效率，尽可能缩短企业进行绿色创新的周期。特别是制造商和供应商通过专业化的绿色分工，有利于强化各自在绿色创新领域中的优势，加快绿色信息的传递效率，尽可能降低绿色创新成本。

第二节 不完全信息下制造商绿色产品协调机制设计

企业在绿色供应链创新过程中，需要健全和完善绿色市场体系，不断增加绿色产品的供给。从市场角度来看，需要统一绿色产品的标准和标识体系，使得供应链各个环节能够有效地进行识别绿色产品生产过程，具体实施对绿色产品的研发生产、运输配送、消费采购等环节的绿色过程，完善绿色制造和绿色消费的全过程控制，实现有效的供应链绿色协同。

一、企业绿色创新的供应链协同概念及内涵

供应链协同或者说是绿色产品协调指的是供应链上各个企业为了提高整体供应链的市场竞争力，为实现企业之间的共赢所开展的一系列活动。即通过相互配合和共同努力，为了提升绿色创新效率、降低环境污染、增强供应链整体的市场竞争力所开展的一系列协作活动。其中，主要包含多个方面的协同。第一，供应链管理的创新协同。即各个供应链企业应当围绕绿色创新绩效开展包括产品和工艺流程的合作创新，还要包括对市场的预判、对创新战略和对创新服务的整体创新。各个企业的创新目标应当围绕企业的经济效益、社会效益和外部环境效益进

行开展，最后达到三者的和谐统一。

第二，供应链的绿色循环创新。企业在进行绿色供应链创新过程中，涉及的协同管理的对象往往包括上游的原材料供应商、下游的产品分销商以及消费者，有时还涉及回收商等。其中，供应商处于供应链的最上游，主要为企业提供必要的原材料和生产设备等，原材料的绿色化将直接影响整个绿色供应链的绿色水平。制造商也是绿色创新的核心，其目标是生产具有绿色化的产品，其绿色管理和绿色经营的程度将直接影响绿色创新的整体效益。分销商往往是通过绿色分销将产品销售给终端，与消费者和市场直接相关，其作用在于反馈终端用户的实际需求，对于企业改进绿色经营模式，提升产品的绿色度有着重要的反馈作用。终端的回收者则在一定程度上提高了资源的有效利用程度，通过逆向物流实现了资源的有效利用，这也是循环经济下的最后一环。

第三，绿色供应链下的目标协同和风险共担机制。在绿色供应链下，各个企业协同过程中涉及整体的利益分割、任务分配，以及涉及资源、技术和组织等多方面的有效整合。特别是作为生产企业而言，其绿色创新的风险则会拓展到整个供应链过程，和产品的原材料供应商、终端经销商等密切相关。通过供应链环节的绿色创新协同、风险协同、管理协同等具体环节最终实现企业绿色创新的供应链协同，并为企业实现绿色价值。

二、企业绿色创新的供应链协同特征

企业绿色创新的供应链协同呈现多个要素特征，其产生的原因既有内在动因也有外在动因。其内在动因在于谋求中间组织效应，追求整体价值链优势，实现优势的价值链协同；外在动因在于应对供应链的外部市场竞争和环境动态变化。

其具体特征主要包括以下几点（见图7－1）：

图7－1 绿色创新供应链的协同特征

（1）协同性。企业在绿色创新过程中，将市场风险、产品收益、企业管理等都拓展到供应链，为此各节点企业在组织、战略和制度等方面都将面临着全方位的协同。此外，各节点企业也都将作为一个整体加强绿色技术的协同管理，不断推进企业绿色化的全过程。

（2）动态性。企业在绿色创新过程中，相关的外部环境变化具有一定的动态性。相关的组织管理、运营管理、内部组织要素具有动态性。此外，由于供应链涉及不同的成员，各个成员间的关系也在变化，产品需求量、资本运作、原材料加工等各个绿色创新的环节都在不断变化。为此，企业需要对整个供应链体系进行动态的管理，根据市场对绿色产品的需求变化，及时调整绿色创新活动。

（3）共享性。企业在进行绿色创新过程中，由于供应链成员间的利润分担、风险共担机制的存在，使得供应链各节点企业在合作过程中，还会通过战略合作、风险投资等方式推进外部供应链的协同从而提升整个供应链的绿色协同绩效。特别是在创新活动中，各个供应链成员企业由于面临相同的目标，所以，各个企业往往以最低的成本通过信息共享、利润共享等多种方式在最短的时间创造最大的绿色价值。

（4）系统性。企业进行绿色创新是一项系统化的复杂工程。特别是当企业绿色创新拓展到与企业生产相关的供应链绿色创新后，相关的绿色创新已经不仅仅和企业自身的绿色发展理念、绿色研发技术相关，相应的已经和整个供应链所有环节的企业紧密相关，这就涉及整个供应链企业的服务、组织和制度等方面的系统创新。此外，在供应链绿色体系创新过程中，还涉及具体的系统人力资源、原材料资源、能耗资源、资金资源等多种资源的整合和优化。

（5）长期性。企业绿色创新在供应链环节涉及经济效益和环境效益的统一，特别是企业在整个绿色生产研发环节更加注重可持续发展的理念，通过长期绿色创新活动推动企业的经济效益的提高。可持续发展就要求企业将短期目标和长期目标有机地结合在一起，在企业创新过程中，不仅要注重当前的利益，更要注重长远的利益和社会整体效应。不能只考虑供应链某个环节的利益或受益，相反，应当考虑整个供应链下一企业的长期绩效和整体利润，通过企业具体的创新活动，实现企业短期利益和长期绩效的均衡发展，最终实现供应链企业、社会、自然的协调发展，实现供应链整体资源环境的利用最优化和社会经济发展的最优化。

企业绿色供应链协同创新的特征就要求企业构建完备的信任机制。上下游企业间通过合理的市场运作，风险共担、利润共享。特别是在市场运作上需要构建一定的约束机制，防止产品供应企业和销售企业因为创新活动所产生的利益分配矛盾。考虑到绿色创新的周期逐步增加，而绿色创新的成本不断提高，这就需要企业加强组织学习，弥补各自的市场薄弱环节，提升绿色创新的效率。

总之，企业的绿色供应链协同需要将环境保护目标放在协同目标的首位，减少由于绿色创新的成本负面效应。当绿色创新项目总体战略和企业发展战略规划相适应或绿色创新项目某些环节能力与企业核心能力相匹配时就能促进供应链的协同；反之，则阻碍供应链的协同效应。

第三节　不完全信息下绿色供应链协同利益研究

从企业绿色创新发展的全过程来看，企业绿色发展包括原材料的获取、产品的制造、产品的包装、产品的运输和销售，所有环节密切联系，最终形成了一条完善的供应链，同时，供应链也涉及各个成员企业间的资本流动。其成员包括两个甚至更多企业。由于绿色创新供应链形成了一个较为复杂的结构，各个成员企业之间对供应链整体的信息获取能力有较大的差异，特别是对市场的变化情况了解的差异更大。一般来说，上游供应原材料的企业对制造企业的生产过程了解不清楚，特别是绿色生产过程不清楚。就下游的零售商而言，其具体的销售阶段对客户的反馈信息较为清楚，而制造商对客户的反馈信息则较为模糊。制造商在绿色创新过程中，为了规避市场风险，可能有意识降低绿色创新投入水平。当零售商无法获知制造商进行绿色产品生产时的具体创新程度和努力程度时，这种信息不对称将会影响零售商的绿色投入水平。零售商在终端可能通过绿色产品销售获得较高的市场利润，为此，其需要对制造商进行一定的激励措施。反之，如果制造商对产品的绿色创新水平进行了虚假宣传，过分夸大产品的绿色水平，则会损害绿色零售商的市场利益。

一、企业绿色创新供应链协同的难点

相比普通的供应链，企业进行绿色创新时由于涉及整个绿色供应链的协同，既包括产品生产的供应链还涉及外部环境因素。当绿色产品制造商是代理人时，由于信息的不对称性绿色产品制造商知道产品的具体细节，为此，制造商对绿色信息的披露和产品定价策略将会直接影响零售商的利润，从而引起渠道矛盾。相反，如果零售商是代理人，零售商对制造商的绿色创新程度具有信息优势，同时拥有一定的定价权，将会影响制造商的利润，也可能引起渠道矛盾。从供应链全体来看特别是供应链的每一个环节都需要考虑对资源的有效利用、对环境的负面影响等要素。如何构建有效的协同机制成为企业必须思考的重要问题。

（1）组织目标较难统一。企业在进行绿色技术创新过程中，每个企业都追求自身利润最大化，而忽略了整个供应链利润最大化。从整个供应链角度出发，由于要考虑到整个供应链的利润和绿色绩效的平衡，所以，各个节点企业之间可能存在着矛盾和冲突，从而限制了企业的发展。

（2）复杂的组织过程。相比单个企业的绿色创新，整个供应链下的绿色创新面临着复杂的组织过程，特别是在进行供应链协同时，涉及供应链上游、下游的整合，这需要对整个组织流程进行重新优化。在整合过程中，各个组织的组织架构、管理职能都可能受到影响，从而造成业务流程的差异化，并影响整个供应链协同管理。

（3）信息整合和资源整合较为复杂。企业在进行绿色创新的供应链协作过程中，各个节点企业都可能根据供应链的总体目标和企业自身目标作出相应的管理活动改变，特别是在对人力资源、物质资源、财务资源进行重新优化整合时往往伴随着信息的流动和交换，这就对企业的信息能力提出了更高的要求。

二、绿色协同目标的设定

企业进行绿色创新涉及整个供应链的生产、制造，在协同视角下围绕绿色产品和服务加强要素配置，并对具体的绿色项目组合配置过程进行评价，从而为现代企业的供应链实施项目组合配置管理提供新思路。

（1）整体目标和局部目标的统一。从供应链角度，绿色创新要求各个供应链节点企业为整体的绿色绩效服务，其各自局部目标需要与整体目标相统一，从而防止各个企业只追求自身利润而忽视整个供应链的整体利益，防止各个企业为了追求局部利益，而忽略对资源利用率、环境保护等的投入，忽略资源利用绩效和整体利益的平衡关系。

（2）组织结构的优化重组。供应链的整体流程和效益的关键是构建有效的组织结构，一方面，通过对整体流程的优化保障各项业务流程的高效运作；另一方面，通过优化各项流程进行协同创新活动，从而保障绿色创新活动的收益最大化和绿色绩效最大化。此外，协同创新的流程包含着协同运作的整个过程。这就需要企业利用新时代的传播手段加强信息的沟通和交流，减少信息的不对称性，为企业的发展提供较好的信息环境，从而保证绿色创新过程中各项流程的顺利进行。

（3）团队激励与约束。通过协同创新的运作机制，企业才能有效地协调与其他供应链环节的企业之间的相关行为，减少必要的供应链冲突和矛盾，确保协同创新按计划稳定进行。此外，绿色供应链管理要求企业对员工采取必要的激励措施，增强企业进行绿色创新的动机。另外，可以在协同方面进行必要的激励和约束，从而有效降低和消除利益分配方面的冲突，调动企业协同创新行动的积极性，从而有效保障绿色创新供应链的协同运作顺利实施。在此之上，可以建立全面、科学的评价指标体系，保持创新成果的有效性，从而反映出相关企业的具体贡献。

三、绿色创新供应链的协同利益分配

在政府、高校和科研院所、企业等三方进行协同创新过程中，政府、高校和科研院所都具有自身的资源优势。其中，政府的优势在于有效地整合各类资源。高校在人才培养、基础研究等方面具有优势，而企业则在将产品创意转化为实际产品方面具有优势。同样，各方也都存在一定的短板，比如高校在将基础研究转化为具体产品方面就具有明显的短板。企业的短板在于高端人才相比高校有所匮乏，产品的基础研发能力有限，大多为模仿性创新。政府—高校和科研院所—企业三方通过有效的资源整合、优势互补可以充分发挥各自的市场优势，补足各方的市场短板，共同研发新技术以提升研发的效率和质量，并将新技术运用于产品

生产和销售并最终实现新的利益。从管理上来讲，这一利益主要包括有形利益和无形利益。

1. 有形利益

（1）产品服务销售收入：企业通过向消费者出售产品或服务所产生的直接经济效应，其主要形式是资金收益。

（2）基金项目收入：企业或研发机构通过智力支持申请国家或各省相关部门等对科学项目研究的经费支持以及对某些国计民生项目的特殊津贴或补贴等。同时，也包括在技术研发过程中获得的各类物质奖励。

（3）研发转让收入：通过技术转让获得一定的经济收益，主要是企业和科研机构在协同创新过程中将技术或某项专利转让给第三方获得的相应收益，这一收益表现为可获取的资金收益或者某些股权收益等。

2. 无形利益

（1）非物质奖励：通过企业—高校三方协作创新，获得来自政府等的相关荣誉称号和精神奖励等。

（2）学术研究提升：通过三方技术的有效整合，提升企业跨学科应用能力以及解决具体大型工程问题的能力，最终提升相关科研机构的学术水平。

（3）人才培养：协同各方通过学习和交流提升创新能力，对于高校而言，利用企业实践的机会培养出高层次的跨学科复合型人才和创新人才。

绿色创新的供应链协同利益分配原则。企业在参与绿色创新的供应链协同过程中，应当确立供应链各成员企业在绿色创新供应链具体环节中的利益方案。在进行利益分配过程中，应当秉持相应的原则。首先，科学分配原则。绿色供应链下的利益分配应当系统考虑整个供应链的整体利益，在保障整体利益的情况下，通过科学的原则和方法满足各个成员企业各自的利益分配方案。其次，公平和效率原则。由于绿色供应链各企业与上下游密切相关，为了防止不必要的供应链矛盾和冲突，这就需要强调公平的分配方式，保障各部分参与企业都能有效地参与到利益分配之中，同时应当讲究效率。避免不同环节的企业在获得分配利润时间上的差异性。最终，实现公平和效率的有机平衡。最后，风险和收益平衡原则。供应链各企业应当根据利益分配大小承担相应的风险，尊重"高风险高收益"的原则，在企业参与绿色创新过程中，投入的资金、设备、技术、信息等各项资源量越大，则企业产生的期望收益也越大。

但总的来说，供应链各节点企业应当树立较高的价值认同感，强化对节点企业的内外部市场监督，同时避免企业对供应链各个环节的利益的操纵行为。目前，对供应链各个协同企业间的利益分配主要包括博弈论分析方式、产品转移定价法以及 Shapley 值法。其中，Shapley 法能够有效避免利益的平均分配，特别是其计算过程较方便，具有很大的科学性。相关模型假设如下：

假设 1：考虑博弈包含三个群体，政府（Government）、科研机构（University）、企业（Enterprise）。

假设 2：企业追求利益进行资金投入和人力投入，高校和科研机构投入自由资金和人力进行产品研发，最终利益在企业、高校和科研机构等进行分配。

假设 3：假设投入产出的函数是柯布 - 道格拉斯函数，即 $Y = A K^{\alpha} L^{\beta}$，其中，$Y$ 表示产出增长率，A 表示科技进步率，K 表示资本增长率，L 表示劳动增长率，α 表示资本产出弹性系数，β 表示劳动产出弹性系数。

构建协同创新合作模型。其中，企业资本增长率为 K_1，科研院所研发资本增长率为 K_2，L_1、L_2 分别为企业、科研院所劳动增长率，整体收益为 v_i，企业方人员薪酬为 R_1，科研院所方人员薪酬为 R_2，r_0 为必要报酬率，r_1 为企业方所处行业的平均报酬率。

构建模型如下：

$$v_i = A_1 A_2 (K_1 + K_2)^{\alpha} (L_1 + L_2)^{\beta} - K_1 r_0 - K_2 r_1 - L_1 R_1 - L_2 R_2 \qquad (7-5)$$

根据博弈 $G(N, v)$ 将整体协同创新收益 $v(N)$ 在参与者中进行分配。对于三方合作博弈事先签订契约，则每个局中人的 Shapley 值为：

$$\varphi_i(v) = \sum_{S \subseteq N/i} \frac{s!(n-s-1)!}{n!} [v(S \cup \{i\}) - v(S)] \qquad (7-6)$$

此外，根据每个参与者对风险的感知，可以进行校正 Shapley 值。考虑到各方的权重，设定权重系数分别为 λ_i，存在 $\sum_{i=1}^{n} \lambda_i = 1$。

$$\varphi_i(v) = \lambda_i \sum_{S \subseteq N/i} \frac{s!(n-s-1)!}{n!} [v(S \cup \{i\}) - v(S)] \qquad (7-7)$$

在企业绿色创新的协同过程中，绿色创新原材料供给时实现供应链协同的基础。生产商通过有效的绿色创新支持来产生额外的利润。供应商是否进行绿色创新取决于绿色创新所带来的原材料绿色化程度。为此，需要加强绿色技术创新政策统筹协调和政策配套。通过全产业链的统筹规划，协调供给与需求，以及生产、消费、回收利用全过程，进一步加强创新链条的统筹规划，完善政府采购、补贴、奖励、贷款贴息及融资担保等政策工具，为绿色技术推广应用创造和培育市场。

第四节　浙江恒逸集团有限公司产业链创新实践

浙江恒逸集团有限公司（以下简称恒逸集团）是一家专业从事石油化工与化纤原料生产的现代大型民营企业，总部位于杭州萧山，其前身为 1974 年创办的萧山县衙前公社针织厂，1994 年正式组建集团公司。集团现有员工 2 万余名、总资产超过 1000 亿元（其中主业资产占比 90%），连续多年名列中国民营企业 500 强前 50 位、中国企业 500 强前 200 位。2019 年度，集团继续保持高位增长势头，工业总产值和销售收入均突破 2000 亿元，同时制定了"三个五"目标，力争在 2024 年建企 50 周年之际，实现销售收入 5000 亿元，跻身世界 500 强行列。

集团坚持以"让中国悠久的纺织历史在我们这一代人身上再次闪射耀眼的光芒"为初心，以"建百年长青基业，立世界名企之林"为使命，按照后向一体化发展路径，确立了石化产业、石化贸易、石化金融、石化物流的"石化＋"战略思想，先后在全国民营企业当中率先成功涉足聚酯熔体直纺和 PTA 项目，与中国石化共建的己内酰胺项目被赞为混合所有制改革的样板，"一带一路"重点项目——恒逸文莱炼化项目被誉为"中国—文莱"两国旗舰合作项目，其中一期项目于 2019 年 11 月全面建成投产，彻底打通全产业链一体化经营的"最后一公里"，在同行中形成具有鲜明特色、富有竞争力的涤锦"双纶"驱动模式和"柱状型"产业结构。集团旗下参控股企业已具备年加工 800 万吨原油的能力和年生产 150 万吨 PX、50 万吨苯、1350 万吨 PTA、820 万吨 PET、60 万吨 DTY、40 万吨 CPL、46.5 万吨 PA6 的能力。控股企业恒逸石化股份有限公司于 2011 年 6 月在深交所整体资产上市。参股企业浙商银行股份有限公司于 2016 年 3 月在香港联交所上市（股票代码：HK02016），2019年11月在上交所上市（股票代码：601916. SH），成为A股第5家"A+H"上市股份行。2016～2020年是恒逸集团第五个五年发展规划时期。这一时期，恒逸集团发展指导思想为：重塑创业激情，再创恒逸辉煌，主动适应经济、金融及行业重塑新时代，严守合法合规和资金安全两条底线。转变发展理念，坚持产业战略方向不变。利用资本市场，创新投资方式，扩大股权融资，合理控制债务规模，优化融资结构。全力加快炼化项目，稳步推进化纤项目，整合优化并购项目。加强人才开发，加大科研创新，推行智能制造，实施精益生产，提升品质品牌，提高运营效率，共建化纤产业大数据平台。创新发展贸易和物流，审慎投资新兴产业，加快闲置资产处置，配置金融市场投资，强化流动性管理。截至2020年底，恒逸集团已经初步形成石化产业、石化贸易、石化金融和石化物流的"石化+"产业布局，实现资源共享、产业协同，全面提升综合竞争力，努力把恒逸建设成为国际一流的石化产业集团之一。

在此期间，恒逸集团将继续巩固、突出和提升核心业务，紧抓供给侧结构性改革良机提升产能效率，加快推进"一带一路"文莱炼化项目，利用互联网大数据创新经营模式；丰富与融合石化金融，培育壮大石化贸易，优化与合作石化物流；通过制订"互联网+"行动计划，重点推动电子商务、大数据、机器换人、物联网等与公司业务的结合，推进公司生产由"制造"向"智造"、经营模式由"生产制造"向"供应链协同"的转型。

未来三到五年，集团坚持以新发展理念引领企业高质量发展，秉承"永不止步、缔造辉煌"的恒逸精神，大力推进文莱二期项目和国内既定项目的建设，并按照"总部+科研+基地"的三位一体的发展模式，积极推动总部"121"规划落地实施（1个平台：中国化纤工业互联网平台，2个中心：恒逸国际总部中心和全球创新中心，1个基地：萧山益农化纤新材料示范基地），打造化纤产业"高新化、智能化、品牌化、融合化"的样板，为全球化纤产品提供一站式增值服务，确保"三个五"目标的全面实现。企业构建了炼化一体化。从炼油行业过渡到石化行业，生产出有关的化合物己内酰胺和对苯二甲酸。在这个基础上，进一步扩张到化纤行业，生产出聚酰胺和聚对苯二甲酸乙二醇酯，完善了锦纶产业链和涤纶产业链。最终，将企业的产业链扩张到纺织行业。

案例启示：绿色供应链的管理需要企业加强环境保护意识，从供应链管理模式加强对环境的作用，正确做到经济效益、环境效益和社会效益的统一。特别是在绿色供应链协同过程中。其一，应当采取有效的激烈措施，通过适当的激励，避免由于政府规制导致供应链中断或是由于市场竞争要素变化而失去竞争优势，加强客户的忠诚度并不断扩大市场份额。其二，在供应链创新管理过程中，加强信息披露，通过各种手段整合成员要素信息、加强供应链的协调，推动创新的具体实施。其三，在供应链评价过程中坚持系统性、科学性的手段，尽可能选择全面地反映各个利益相关者的权益，通过建立有效的指标体系，加强绩效考核，将企业内部目标转化为供应链的目标。其四，协调各绿色供应链运营的社会要素，协调供应链成员的规制、加强对社会文化的协同、综合考虑价值观和伦理道德等，构建有效的供应链监管评估体系。

第八章　企业绿色创新及政府
激励政策研究

　　企业绿色创新对解决环境困境非常重要。然而，由于在处理环境影响时，企业技术创新仍然需要面临外部市场风险和潜在的收益不确定性。一方面，为了解决环境负面影响，企业需要加大环境绩效投入，这就需要企业承担额外的社会成本，主要包括环境治理成本、环境风险成本等，这些成本有时远高于企业创新带来的潜在收益。故企业有时不愿意进行相关的创新活动。另一方面，由于信息不对称效应和市场风险等因素，企业在进行绿色创新活动中可能难以获得预期的收益。为此，单纯的企业绿色创新面临着比普通的企业技术创新更多的市场风险和更高的成本，这就需要政府给予一定的政策激励和支持。从各国开展绿色创新的经验来看，法律法规成为企业开展绿色创新的保障基础，结合市场政策制定适合企业绿色创新规划发展的手段则是绿色创新激励政策，包括必要的资金补贴和税收减免政策。特别是由于企业绿色创新过程中难免对市场的外部环境无法做出必要的响应，为此，政府可以通过具有成本灵活性和经济性的补贴政策鼓励企业运用绿色技术，通过政策引导等鼓励企业获得经济效益。国家发改委、科技部联合印发《关于构建市场导向的绿色技术创新体系的指导意见》。该意见明确提出：到2022年，培育壮大绿色技术创新主体，强化企业的绿色技术创新主体地位，出现一批龙头骨干企业；"产学研"深度融合、协同高效；绿色技术创新引导机制更加完善，人才、资金、知识等各类要素资源向绿色技术创新领域有效集聚。其中，资金补贴是政府对企业绿色创新给予的最重要手段。如近年来，政府为了加快纯电动汽车的发展，对新能源汽车的生产企业进行了大量的补贴，包括纯电动汽车、插电式混合动力汽车和燃料电池汽车进行普惠补贴，促进企业加快技术创新的步伐，不断提高电池技术水平，提升汽车的整体效能。然而，如何对企业进行有效的补贴，怎么补贴企业的研发，推进企业不断提升产品技术，加快推进产品的绿色进程，不断扩大市场规模，成为政府需要考虑的重要问题。此外，由于政府的过度补贴导致企业在研发过程中过度依赖补贴，创新的转化率下降。补贴中导致企业的绿色产品定价过高甚至远远高于市场价格等问题也表明政府绿色补贴的直接效果和间接效果都未达到预期。这表明：我国绿色创新需要构建有效的补贴政策，重新设计适合企业发展，兼顾企业—消费者—社会等多方的利益。

第一节　企业绿色创新的政府激励政策机理

全世界很多国家包括印度、瑞典、中国、泰国、日本等为了提高能源的利用效率都通过直接或间接政府补贴的形式向消费者或者企业提供资金补贴，通过财政手段弥补用户绿色产品消费或企业绿色创新所耗费的相关成本，提高绿色产品购买或生产的积极性。特别是，政府一定程度的补贴能够刺激企业实施更加有效的绿色创新策略。Hall 和 Wagner（2012）研究表明：由于信息不对称性，政府对企业绿色创新研发过程掌握情况并不相同，可能对研发补贴存在着投入重复或者投入浪费的情况。此外，某些企业通过特殊手段对政府补贴进行套取。当前我国企业的绿色创新的基础条件较为薄弱，虽然企业的研发费用和人力资本投入都取得了较大的增长，但大多数企业的绿色创新属于渐进性创新为主。当前绿色创新的关键问题是针对涉及产品发展的核心技术，企业并不能完全掌握，"卡脖子"现象严重。如我国的新能源汽车已经在引进国外技术的基础上，进行了一定的模仿创新，但关键部分的技术仍然与国外同类型产品存在着较大的差异，如汽车智能控制系统和电池续航部分的相关核心技术创新仍然非常薄弱。此外，汽车发动机技术有关的专利数量极少，几乎不具备任何核心竞争力。针对关键技术的绿色创新水平仍然较低。企业的绿色技术创新所需要的政府激励政策主要有财政金融政策、政府采购政策、专利保护政策、风险投资政策等。

一、绿色创新补贴政策的必要性

绿色创新补贴政策的实施者主要是政府组织。绿色创新需要综合考虑环境绩效和企业利润。目前，环境问题已经成为影响社会发展的重要问题，从政府角度，进行绿色创新补贴对环境能够有明显的正向促进作用。特别是由于改革开放40多年以来，我国经济飞速发展带来了资源和环境的双向压力，企业面临严重的环境问题。一般来说，通过政府的补贴能够弥补企业技术创新时所需的资金投入，降低企业进行绿色创新的研发风险，很大程度上刺激企业采取更为有效的科研措施积极进行绿色创新，最终提升企业的绿色创新效率。从国家层面，通过必要的政府补贴政策，企业能够进行有效的转移支付，既能够有效保护生态环境又能有效增强国家的整体实力。根据已有研究：在政府必要的研发资金支持下，企业的技术创新效率和商业化程度都要优于缺乏政府财政支持条件。然而，政府补贴资源投入的转化率不高，特别是政府资源配置能力较低，容易导致对绿色创新的补贴没有充分用于企业创新过程。为此，如何选择有效的补贴时机和补贴环节对推动企业技术创新起到至关重要的作用。已有研究表明，在某些企业的早期探索阶段，政府补贴可以提升企业的研发动力，提升企业的社会效益和经济效益。在中期阶段和成熟阶段，由于企业的产品研发已经相对成熟，故政府补贴的效果较小。张伟（2016）则认为企业绿色创新过程中，违反环境管制的负面行为将会严重损害企业的声誉，最终导致消费者对企业的信任度也随之下降。

政府补贴对企业进行绿色创新研发具有"挤入效应"。通过政府补贴，企业进行绿色创新会推动企业加强相关绿色技术的研发投入。然而，从长期来看，政府补贴也可能导致一些企业降低固有的投入强度，通过"套取补贴"等方式获得相关的利益，这实质上对企业进行研发投入存在着一定的"挤出效应"。但总体而言，政府补贴对创新产出是起到积极作用，还是有利于企业提升绿色技术创新效率，促进企业技术创新的产出，关键是企业绿色创新补贴的数量以及具体的补贴时机选择。

二、绿色创新活动特性及绿色补贴的内容

首先，绿色创新活动具有一定的外部性。特别是绿色创新产品本身具有节约资源投入和减少生态环境负面影响的双重特征。对资源投入的减少和对能耗的降低有效地体现了绿色创新产品对生态环境的正外部性。然而，企业在进行绿色技术创新过程中，本身就要投入大量的人力、物力和财力成本。根据本书的研究显示：绿色创新由于涉及企业间知识的交流现象，本身存在典型的溢出效应，即某一企业的技术创新会被其他企业进行模仿创新，并且通过有效的模仿创新，企业能够弥补已有产品的部分缺陷，针对市场的具体需求予以改善，并通过价格或渠道策略等营销活动，甚至可能产生比原有产品更高的收益。对企业而言，在技术创新过程中，始终面临着高风险。绿色创新更强调对环境资源的有效利用，对污染物排放的控制，这都会很大程度上大幅度提升企业的创新和研发成本。为此，企业进行绿色创新往往动力不足，这就需要政府进行统筹规划，通过必要的行政干预力量或其他政策因素调动企业加强绿色创新的积极性，弥补企业由于绿色创新所付出的高昂社会成本。

其次，绿色创新产品具有独特性。企业进行绿色创新的产品定价往往高于普通产品。对于消费者来说，他们往往缺乏对环境保护的意识，其购买产品时最终衡量的是最终效用与产品价格之间的关系，当预期效用远高于产品价格时可能选择购买，而当预期效用低于产品价格时则可能放弃购买。特别是当产品的核心功能相差无几时，消费者往往会选择非绿色产品。即企业进行绿色创新时，企业的绿色投入成本很难直接由消费者全部承担。从目前的市场情况来看，消费者对环境的保护意识普遍不高，单独的市场自发调节难以适应环境的需要和企业的长期发展目标。为此，政府需要通过一系列的经济刺激和激励手段，鼓励消费者积极购买绿色创新产品，加强对环境的保护以及对资源的有效利用，不断降低对环境的负面效应，加快推进资源的循环利用度。

此外，从产品生命周期来看，绿色产品从研发到上市销售是一个长期过程，对绿色产品的市场接受度和认可度都需要经历市场的长期检验，相关的绿色创新投资具有收益滞后性。特别是企业进行绿色创新的初期面临严峻的市场风险、技术风险、需求风险等，企业进行资金投入、人力投入等都面临很多未知的困难和风险，这就需要政府通过补贴等措施弥补企业在研发过程产生的成本损耗，降低企业进行绿色创新时承担的市场风险，提升企业加快绿色创新的主动性。

（一）企业绿色创新补贴政策

由于政府补贴能够激发企业绿色创新的积极性，各级政府都加强了对绿色创新的支持力度，通过补贴政策包括税收减免、直接的财政补贴、财政奖励等措施减少企业的研发风险，鼓励企业加强绿色技术的自主研发，加大高科技人才的引进力度，通过研发平台的创建推动企业科技成果的市场化转化。其中，早在2012年，国家发改委、工信部和财政部等就通过惠民补贴政策对十大类高效节能产品进行了一定的补贴。随后，各级政府都颁布了不同类型的补贴政策，代表性的补贴政策主要包括贴息、信贷等方式（见表8-1）。通过补贴政策：一方面，鼓励消费者在产品消费时实现更新换代，通过绿色节能产品的使用减少对外部环境的破坏。另一方面，通过绿色产品的消费扩大企业的产品销售量，并通过补贴形式提升企业的市场利润。可见，相关的绿色创新补贴政策进一步推进企业加快绿色技术创新的步伐。

表8-1　各级政府推动企业绿色创新相关的补贴政策

年份	发布单位	发布文件	涉及内容
2016	北京市	北京绿色制造实施方案	通过贷款贴息、补助奖励加大绿色制造重点领域技术创新与改造
2017	天津工信委	天津市节能专项资金管理暂行办法	对备选单位节能项目给予优先支持，绿色工厂给予资金奖励
2017	湖南经信委	湖南省绿色制造体系建设实施方案	成立转型升级专项资金对升级绿色工厂企业进行一次性奖励
2017	江苏镇江市	镇江市级绿色工厂创建活动实施方案	创新绿色信贷，支持创建绿色工厂，给予绿色工厂利率优惠
2017	湖州经信委	湖州市绿色工厂星级管理评价办法（暂行）	对绿色工厂实行星级管理，给予相应政策支持
2018	重庆经信委	重庆市绿色园区和绿色工厂认定管理办法（试行）	优先推荐参评国家级绿色工厂和绿色制造专项项目，给予资金奖励
2018	广东东莞市	东莞市经济和信息化专项资金管理办法	绿色制造专项资金奖励清洁生产、节能先进、技术服务、改造项目
2018	国家发改委	关于创新和完善促进绿色发展价格机制的意见	奖励节能环保单位，制定更严格环保标准价格策略

可以看出，企业在绿色创新的过程中往往只注重绿色效益和市场占有率两项指标，而这往往只是企业的短期效益过程。从政府层面，政府并不关心单纯的绿色创新所产生的经济效益。相反，一方面，政府更加关注企业进行绿色创新引起

的技术进步和环境收益等社会综合效益。另一方面，政府关注企业绿色创新对企业技术创新研发的推动作用和市场的发展状况。通过有效的政府补贴政策，鼓励企业加强自主研发绿色创新技术，尤其是突破性绿色技术，不断吸纳高科技人才，鼓励企业进行科技成果的转化。

（二）各类市场补贴的效果评估

由于政府实施的绿色创新补贴是一种对企业市场行为的定向资金补助。其核心目的是鼓励企业更多地参与到绿色创新实践，补充企业进行绿色创新所产生的资金缺乏并降低市场风险而非单纯的补助政策。为此，政府应该将绿色创新补贴的重心放在对绿色产品市场的引领和对绿色创新效果的评估上，注重通过激励手段鼓励企业不断提升创新效益。通过政府的绿色创新补贴大大降低了企业进行绿色创新的成本和风险，缩短社会和企业的收益差距，极大地减轻科技型企业的融资压力，从而促进企业开展相关绿色创新技术活动。

从具体补贴对象来看，针对企业的补贴能够显著降低企业绿色产品生产的生产成本，提高企业的市场利润率，并在一定程度上降低绿色产品的市场售价，加快了绿色产品的市场化推广过程。产品补贴则是为了增加绿色产品的供给，扩大绿色产品的运用规模并改善企业的外部生态环境。相反，针对消费者的补贴，其补贴对象就是目标消费者群体，其核心目的就是扩大消费者的消费需求，提升绿色产品的市场销售量和市场认可度。通过绿色补贴很大程度上降低了消费者购买绿色产品的实际支付成本，扩大了市场的销售额，同时，一定程度上提升了消费者对绿色产品的市场认可度。从市场的角度，绿色产品和普通产品也形成了一定的质量差异化，通过相关的补贴政策进一步提升了产品的感知质量，这更有利于绿色产品形成品牌化的竞争并赢得市场。

此外，从市场角度，通过政府的绿色创新补贴，不仅给企业带来了可观的现金收益，更是提供了一种特殊的市场信号。即一旦企业进行绿色创新并拿到政府的补贴表明该企业具有较强的绿色产品创新能力，该企业的科技含量较高，市场前景较好，这就能提升其他资金所有者对该企业的投资信心，提升企业和产品的品牌价值以及社会对该企业的关注度。

（三）按补贴的方式划分

政府对企业进行创新的补贴是一种基于社会目标将财政资源无偿调配给企业

的一种财政支出行为，其首要特征就是无偿性。2018 年上半年，A 股 3534 家上市企业中 94% 的企业获得了政府资助。这些上市企业累计获得政府资助高达593.9 亿元。然而，政府补贴在具体的实际操作中也具有不同的形式，具体的补贴形式有以下几种。

1. 财政直接投资

即政府出资并投入到企业绿色产品研发和创新过程之中，包括对企业产品生产环节、流通环节、研发环节等具体环节的资金投入以鼓励企业在相关生产环节进行绿色技术的创新包括资源使用效率的提升以及能源效率提升技术等。一方面，财政直接投资企业生产的具体环节能够极大地提升企业在某一具体环节进行绿色创新的能力，提高企业绿色创新的成功概率。另一方面，由于企业进行绿色创新本身具有较大的市场风险，当政府直接投资时，政府需要和企业一起去承担相应的风险，对于政府而言，面临着较大的资金风险，有可能政府的投资难以获得预期的回报。

2. 税收优惠政策

即政府针对企业生产绿色产品的数量、质量、持续时间以及企业进行绿色创新的技术水平等要素，综合考虑企业进行研发所面临的市场风险等，通过税收减免等政策，降低企业的税赋，给企业的生产和经营带来更多的便利。一方面，相比直接投资，政府通过税收优惠政策相对比较灵活，而且对企业的干预性较好，有利于企业进行决策。相对于政府进行补贴政策而言更加稳妥，政府资金的投入风险也更小。另一方面，由于税收优惠需要考虑的因素过多，往往最终给予优惠的大多是那些已经获得某一方面绿色创新成果的企业，对于这些优惠政策而言，奖励的性质强过鼓励的性质。那些准备进行绿色创新的企业由于缺乏相应的资质，可能难以获得必要的税收优惠。

3. 政府直接补贴

即政府根据企业绿色创新的投资总额和绿色技术创新的具体情况给予一定数量的现金的补偿。从性质来看，区别于财政直接投资于具体项目能带来一定的回报。政府直接补贴是一种典型的无偿资助，用于绿色创新产品的项目，可以帮助企业渡过紧要关头，从而为后续的绿色创新活动奠定必要的基础。一方面，针对企业进行绿色创新关键环节给予一定的资金补助，有利于降低企业研发风险，提升资金的利用效率，最终提高企业的研发成功率。另一方面，政府对企业的绿色技术创新的直接经济补偿实际上是对企业环境绩效的补偿，部分弥补了企业进行绿色创新时的环境成本，有利于提升企业进行绿色产品市场研发的动力。

4. 贷款贴息

贷款贴息是一种间接的补贴方式。主要是为企业融资提供相关的服务，降低企业进行绿色创新投入的融资成本。从实践来看，这种方式的规模一般较小，而需要扩大规模的项目，其主要用途是偿还利息。

总之，政府向进行绿色创新的企业提供绿色创新补贴是上级财政支出的非常重要的一部分。在企业创新的不同阶段，根据外部政治经济环境、市场环境，可以通过直接资金补贴、税收优惠、直接投资等多种形式的财政补助弥补企业进行绿色创新时的成本。从市场角度，这是政府为了避免"市场失灵"所采取的一种有效的政策形式，有利于企业积极利用外部的资金资源，优化产业结构，加快生产环节调整，不断提升资源的有效利用度。然而，由于企业进行绿色创新是一个漫长的过程，企业的绿色产品生产到销售也是一个较为复杂的过程，这就需要政府在不同的阶段给予企业不同的补贴策略，通过政府和企业进行相应的契约签订，使得资金的利用更加有效。

第二节　企业绿色创新不同阶段的政府补贴契约设计

由于企业在绿色创新过程中会产生不同的收益，为此，需要政府立足长远，设定合理的监控和奖惩机制，通过政府的环保宣传活动提升生态效用在整个函数中的权重，让消费者购买绿色技术的效用逐渐超过购买非绿色产品的效用。推动和促进公众加强对绿色技术产品的主动购买。有时宣传活动可能难以达到这种效果，这就需要企业对绿色技术产品进行一定的补贴，通过财政补贴提升企业技术创新的效益，共同推动企业选择绿色创新的概率。由于政府侧重于考虑长期的社会整体福利，这就需要企业不能完全依赖于单纯的经济指标分析和衡量得失。政府对绿色产品的短期补贴能够起到一定的激励作用，然而长期的政府补贴可能会对企业造成对财政补贴依赖和激励错位现象，这会导致企业绿色创新能力和市场竞争力都出现不同程度的下降。在不同的阶段，由于企业绿色创新的投入不同，政府给予的资金补贴也需要有差异性。不同的补贴程度对企业绿色创新程度也会有不同的激励效果。为此，政府需要根据企业的绿色创新能力、市场环境、产业发展状况等综合考虑补贴额度。特别是需要围绕企业进行绿色创新的产品全生命周期采取不同的补贴政策，并通过契约形式约束企业的绿色创新行为。分别根据绿色创新准备阶段、绿色创新实施阶段、绿色创新完成阶段进行相应的补贴政策。在绿色创新准备阶段，政府需要根据市场的发展变化和行业的整体情况对绿色创新的补贴对象进行分类汇总，重点考察企业为绿色创新研发所做的准备性工作，如资金的投入、人力资源的投入，企业固有的绿色技术以及已经取得的相应技术成果、专利等。并根据现有的企业相关创新行为数据进行分级处理，及时掌握企业的绿色创新过程并进行跟进，针对那些急需资金的企业进行必要的财政支持，通过科学性、可行性和良好环境适应性的 R&D 补贴政策，规范和引导企业的绿色创新之路。根据产品生命周期曲线，产品的销售分为导入期、成长期、成熟期、衰退期。对于成长期的企业进行必要的政府资金补贴，能够极大地改善企业的资金状况，从而对企业绿色创新起到促进作用。在成熟期和蜕变期，一定的政府补贴对绿色创新的效果虽然有正向作用，但相对比较有限。相反，对于衰退期的企业进行财政补贴时，由于企业产品面临市场退出风险，再给予补贴会造成资金的浪费。为此，政府可以同企业构建不同阶段的动态资金补贴协议，分别根据企业不同阶段的表现，给予必要的资金补助。

政府在对企业进行绿色创新时需要进行必要的审查制度，降低政府和企业之间的信息不对称性，同时，通过有效的契约设定，合理规范企业的绿色创新活动，避免企业的逆向选择行为。特别是避免由于长期的政府补贴对企业形成严重的依赖性，从而使得企业的创新意识和创新能力下降。另外，通过必要的契约设定使得资金的使用更加科学，极大地降低了企业绿色创新的市场风险。还可以通过必要的评估和评审等程序推动政府补贴政策的有效实施。在这一过程中，也需要通过契约的方式对企业绿色创新的具体行为进行约束，当企业的绿色创新行为完全达到补贴标准时能够给予必要的资金补偿，提升企业进行绿色创新的效率。当企业的绿色创新活动低于预期时，能够通过相应的惩罚措施，缓解企业的逆向选择行为。此外，必要的惩罚制度能够对企业绿色创新起到一定的威慑作用，防止企业在绿色创新过程中的逆向选择行为。可见对于政府而言，必要的检查和惩罚也成为企业绿色创新补贴的重要补充手段。

此外，不同企业的规模效应对政府补贴也呈现不同的效果，对于中小企业而言，政府补贴对于企业的绿色创新具有显著性促进作用。对于较大规模的企业，政府补贴相对于其投入来说对绿色创新的激励效果也有限。政府在同企业签订绿色创新补贴契约时也需要综合考量企业研发的具体强度，强度较高时，政府补贴的正向促进效果较为明显。研发强度相对较低时，政府补贴的正向促进效果一般。可见，政府补贴需要构建完善的政策体系，通过契约方式充分发挥政府补贴的正向效果，避免企业的逆向选择。与一般的经济契约相比，政府同企业签订的绿色创新补贴契约不仅考虑企业自身的利益，同时要兼顾政府—企业—社会等的利益，既要确保企业能够通过政府的补贴提升创新的效率，也要确保企业不能过于依赖政府的补贴而陷入依赖状态。

第三节　新时代政府规制政策下的企业转型和绿色创新激励效果研究

通过政府的财政补贴，可以有效推动和促进市场要素的配置，理顺绿色创新的价格机制，减少信息的不对称性和"市场失灵"。同时，由于政府设定了相应的规制政策，这有利于进一步完善环境保护制度和经济责任。然而，当产品进入市场化后，由于绿色产品的接受程度等情况，企业需要政府在产品市场化阶段给予一定的政府补贴。一般而言，在这一阶段，政府主要通过两种模式实施补贴策略。一种途径是直接对企业进行补贴，通过补贴绿色产品，弥补企业因为绿色产品生产所耗费的高昂生产成本。另一种途径是对消费者进行补贴。当企业通过绿色创新进行产品研发并最终上市销售后，过高的成本必然导致企业制定高于一般产品的价格。为此，消费者需要支付较高的产品价格。由于价格因素可能导致消费者购买产品的动力下降，为此，通过补贴消费者能够促进市场的需求。然而，由于企业在产品生产中存在着对环境的负面影响。单纯的补贴政策有时难以有效地提升企业的绿色创新的效率。这就需要政府规制。显然，政府规制实际上是对市场失灵的反应，是克服市场配置资源缺陷的一种不可或缺的制度。同时，从整个创新体系来看，政府规制已经成为企业绿色创新系统的一个内生变量。其一，政府通过对企业的绿色创新的规制，可以有效地调节相关行业的整体发展情况，从而有效地对经济进行宏观调控。其二，政府规制成为一种重要的市场交易的制度安排，这也从侧面反映了市场供求关系。

一般而言，政府规制包括直接规制和间接规制。其中，直接规制就是政府直接接入企业进行主体决策的具体行为。在企业绿色创新实践中，政府进行直接规制的手段和内容多样。主要的直接规制包括定价和费率规制、进入和退出规制、绿色产品特征和市场投资规制。其中，准入的规制政策包括许可、申报、审批、标准设定等。特别是对绿色产品创新而言，对绿色标准的设定、对绿色特许产品的审批、对绿色产品的市场许可都是政府进行规制的直接政策。间接规制主要是指政府并不直接接入企业的主体决策而是通过其他手段阻碍市场发挥作用的相关行为决策。从市场角度，主要包括法律、行政法规、地方性法规和地方规章以及其他规范性文件等。可见，在新时代，政府和企业关系的新发展客观上成为企业绿色创新规制的客观要求。

第一，构建经济性规制和社会性规制多元并存的强规制格局，将规制和放松规制进行动态调节。一方面，通过有效的供给侧结构性改革对企业进行激励，鼓励企业进行绿色技术创新，并参加到激烈的市场竞争。将绿色技术创新纳入经济社会发展目标，制定有效的环境保护政策和科技创新政策，通过实施新兴产业政策，鼓励企业参与关键领域的绿色技术创新，支持企业绿色创新走向制度化和规范化。另一方面，通过有效的财政税收激励，能够强化税收的杠杆调节作用，通过降低税收，使得企业的成本投入减少，绿色创新的积极性提高。在规制决策和实施中，需要建立供求双方规制的优化模式，强化企业方的规制，并积极引导消费者的绿色偏好，实现生产方式、消费方式等的全面转型，通过资源优化配置而实现绿色创新。此外，需要设立有效的政府专项支持基金。通过专项资金完善投资体系，从而分担企业的创新风险。

第二，采取绿色激励性规制工具和其他激励手段互补方式。特别是针对政府和企业创新的信息不对称问题，适度引入市场主体激励水平的规制措施从而取代传统的规制方式。从企业的角度，应当坚持以市场需求为导向，围绕企业需求，不断加强供给系统和绿色需求系统的对接，鼓励供需双方参与多样化的科技服务。从政府角度，应当在明确权责的基础上，逐步通过必要的经济激励措施代替固有的传统规制形式，通过组合税收、排污权交易等措施进一步加强绿色信息规制，增强对产品相关信息的披露并提高规制的透明度。

第三，构建有效的规制法治保障环境。通过制定完善的规制程序不断协调相关的利益并约束规制权力的治理环境。从消费者角度，当消费者具有相对较高的环境支付意愿时，消费者可能会通过各种途径向企业进行施压，迫使企业降低对自然环境的负面影响，鼓励企业进行绿色创新。但显然，如果消费者对环境意识较高时，消费者购买绿色产品的动机更强，市场需求增加，客观上政府对消费者的补贴力度可以降低。这是因为消费者较强的环境意识提升了消费者的效用。这就需要政府通过各种方式培育独立、成熟的企业主体和消费者主体，构建包括立法机构、规制机构、司法机构、消费者等多元主体共同参与的规制体系，通过体系间的相互作用提升规制的有效性。

总之，在新时代背景下，治理环境污染并提升能源的有效利用率，不断提升消费者的绿色偏好并满足消费者的绿色消费需求，这就需要推进企业绿色创新。通过政府对企业绿色创新行为给予奖励性补贴，对企业非绿色创新行为采取必要的惩罚措施，最终，在政府基金规制的意愿下，通过政策性措施，包括"激励"和"惩罚"等机制设定，最终构建有利于企业发展的企业绿色生态系统。

第四节　吉利汽车绿色创新实践

吉利汽车集团隶属于浙江吉利控股集团，总部位于中国浙江杭州。在浙江台州/宁波、湖南湘潭、四川成都、陕西宝鸡、山西晋中等地建有汽车整车和动力总成制造基地，并在白俄罗斯等国家和地区建有海外工厂，吉利汽车集团是中国领先的汽车制造商，立志成为最具竞争力和受人尊敬的中国汽车品牌。吉利汽车集团旗下现拥有吉利汽车品牌、领克品牌和几何品牌。拥有宝腾汽车49.9%的股份及全部经营管理权，以及豪华跑车品牌路特斯51%的股份。2019年4月，吉利汽车与第19届亚运会组委会正式签约，成为杭州亚运会官方汽车服务合作伙伴，并正式启动主题为"科技吉利，悦行亚运"的亚运战略，标志着吉利汽车品牌升级征程进入全新阶段。

吉利汽车集团以"自主突破创新，融合全球智慧，掌握核心技术"为研发理念，实施"产品平台化""安全第一""能源多元化""智能化技术"战略。自主研发的 1.4T 涡轮增压发动机，1.8TD、1.0TD 增压直喷发动机被评为"中国心"年度十佳发动机，7DCT 双离合自动变速器被评为世界十佳变速箱；吉利汽车与沃尔沃汽车联合开发的 1.5TD 发动机，技术位居国际领先水平。"吉利战略转型的技术体系创新工程建设"荣获国家科技进步奖二等奖（一等奖空缺）；"吉利轿车安全技术的研发与产业化"荣获中国汽车工业科学技术一等奖；集团获得 2017 年度浙江省政府质量奖。吉利汽车集团秉承"快乐人生，吉利相伴"的核心价值理念，长期坚持可持续发展战略，通过领先的安全、智能、新能源、车联网及环保健康技术的应用，为用户提供高品质产品和高增值服务，致力于成为中国新能源节能技术引领者，打造具有全球影响力和国际竞争力、受人尊敬的中国汽车品牌，为实现中国汽车强国梦而不懈努力！从"造老百姓买得起的车"到"造最安全、最环保、最节能的好车"，理念改变的背后除了中国汽车市场的消费者的购车和用车需求已经从单纯追求性价比升级到追求更高的品质和价值这份外在推动力外，更多的是吉利汽车对"推动中国汽车工业进步"这份自我加压的责任担当。

吉利的发展主要经过四个阶段：第一阶段（1997～2006 年）。吉利从制造摩托车入手，在探索中前进。第二阶段（2007～2014 年）。吉利在全球金融危机中买下了沃尔沃，实现了产品和企业的飞速发展。第三阶段（2015～2017 年）。从 2015 年开始，吉利宣布"蓝色吉利行动"，开启吉利汽车新能源发展的新纪元。第四阶段（2018 年以后）。这一阶段吉利汽车的发展从高速度转向高质量，围绕新能源汽车进行绿色技术创新。特别是 2019 年国家正式出台《关于进一步完善新能源汽车推广应用财政补贴政策的通知》以来，作为中国汽车新能源领域行动派的吉利新能源推出"实力承诺 吉刻行动"补贴行动，为有意向购买帝豪 Gse 和帝豪 EV450 的消费者提供"保价"服务，其中帝豪 EV450 补贴 9.075 万元，帝豪 GSe 补贴 8.1675 万元。通过对消费者的补贴政策，帝豪两款车的总销量已突破 2 万辆/月，成为吉利新能源的全新增长点。

案例启示：企业通过绿色创新获得了政府补贴，说明吉利在行业、在地方发展中的重要地位和作用，同时相关的产品发展状况表明了企业具有可持续发展的潜力。吉利所获得的补贴大多是与经营相关的新能源项目，说明这些补贴大多用于企业绿色创新的核心业务，这也是对企业长久发展的一种政策支持。另外，政府对企业的产品补贴政策往往用于吉利新能源汽车产品，而这些产品尚处于增长阶段，通过有效的补贴政策，极大地推动了企业技术创新活动。同时，对终端消费者的补贴，也极大地降低了消费者购买绿色产品的市场成本。对社会而言，这种有效的补贴政策促进了吉利汽车的快速发展，提升了产品的市场竞争力，大幅度提升了企业的主体盈利能力，这对提升投资者的趋利水平、社会福利等都有正向的促进作用。

第九章　研究结论与局限性

　　根据 2014 年世界经济论坛等机构发布的《全球环境绩效指数（EPI）》显示，中国以指标的 43 分位居全球 178 个参加排名的国家和地区的第 118 位，侧面反映了当前我国环境恶化趋势以及我国发展绿色经济的必要性。2015 年，《中华人民共和国环境保护法》正式颁布实施，该方案明确规定了不同主体，在环境监管、污染治理等方面的法律责任，并通过严格的处罚制度加强对违法者和渎职者的处罚力度。这从环境规制的法制角度客观上推动了企业加强绿色创新。这就需要在统一标准、正确行使行政处罚的自由裁量权前提下，提高环境监管力度，迫使企业绿色转型，驱动经济的高质量发展。对于企业而言，应当强化对重点领域绿色技术创新的投入力度，包括资金、技术、人力资源等。围绕节能环保、清洁生产、清洁能源、城市绿色发展、生态保护等领域关键共性技术进行颠覆性技术创新。从政府角度，政府应当围绕相关的重大关键绿色技术部署相应的科研项目，改善有效的科研绩效评价机制和考核方式，注重构建科学合理的多元动态评价体系，围绕绿色产品生产强化目标任务考核，加强绿色技术的示范推广价值。从产业链角度，应当针对特定的绿色产品构建从设计、材料、制造、消费、物流和回收的全产业链绿色技术标准，针对产品生命周期的特殊性，加快绿色全产业链认证，推动认证机构对认证结果的连带责任。从政府角度，绿色技术的开展需要构建良好的绿色技术创新的外部环境，通过构建完善的绿色技术知识产权保护制度，加快绿色知识产权的快速审批流程，不断完善绿色技术知识产权统计监测，企业的绿色创新需要政府—行业—企业不同层面的相互协同的实现。

第一节 主要研究结论

企业进行绿色创新不同于一般的技术创新，能够给企业带来环境和经济双赢的创新。特别是随着人类环境保护意识的增强，消费者对绿色产品的消费需求也随之增加，这就需要企业重新审视当前的研发政策，通过构建资源节约型、环境友好型、混合型等多种绿色创新模式，围绕具体的绿色技术、绿色制度以及绿色文化进行不同层面的创新。然而，企业进行绿色创新过程中面临着来自内外部的多种因素的影响，这些因素具有复杂性和不确定性，这就需要企业重新对绿色生产、研发等各个战略层面进行变革，加快固有生产模式和发展方式的转变，从战略高度分析和预测未来发展的外部环境和内部组织结构，及时调整相关的战略目标，通过具体的过程管理、资源管理等环节，转变企业的固有生产模式，优化资源配置的方式。在新时代环境下，始终围绕市场需求进行产品和技术的创新，通过良好的客户体验，推动产品生产目标的实现。在绿色创新的全过程中，其核心是平衡企业利润最大化和环境绩效的矛盾，通过动态设定企业短期目标和长期目标以实现企业发展的内在目标统一。

（1）从目标实现来看，绿色创新属于典型的企业多目标任务模式。除了考虑企业的利润目标还需要考虑环境要素目标，这对企业的管理现状、绿色技术的长期性和多维度特性有了新的要求。绿色技术中涉及企业的核心清洁工艺、清洁生产技术则成为企业发展的重要基础，对企业的创新有新的要求。从技术创新的角度，企业的技术创新模式主要包括模仿创新、独立创新、合作创新与引进再创新。绿色创新同普通技术创新有其共性。同样包括模仿绿色创新。独立绿色创新、合作绿色创新以及绿色引进再创新模式。企业的绿色转型是一种系统性的、根本性的市场变革，是企业对自我发展方式的彻底转变，需要在绿色管理理念、绿色发展方式和绿色价值观等方面的彻底变革，并围绕内外部市场环境的变化在企业战略、运行机制、组织结构等方面进行全方位的变革。

（2）从对外部环境的监管来看，企业绿色创新需要进行有效的市场监管，这就需要政府加快构建统一、公平、透明和规范的市场环境，逐步健全绿色技术产品和服务的交易体系。另外,政府需要从宏观层面培育绿色消费市场,倒逼企业构建完全的绿色消费长效机制,将绿色创新能力的提升作为企业的核心能力,逐步推动绿色产品和绿色服务的供给,不断完善排污权、碳排放权、用能权、水权交易制度等,通过制度化和市场化手段规范市场交易行为。

(3)从人才资源角度:一方面,鼓励和支持专业技术人员通过科技创新手段不断提高技术的有效性,特别是需要围绕产品价值构建出符合市场需求的绿色产品和服务。另一方面,政府应完善相关的绿色政策,着眼于优化绿色创新相关的法律法规、融资等具体环境,加强对绿色知识产权的保护,特别是针对绿色产品,政府应当鼓励企业实行差异化定价,提升产品的绿色价值和社会价值,针对绿色知识产权推行快速审批通道。另外,在绿色技术标准和评价规范方面应当进一步加强建设,构建较为完善的绿色指标评价体系,鼓励第三方积极参与到企业绿色产品认证和绿色服务认证等。让优秀的绿色产品和服务体现出市场价值,让绿色知识产权充分发挥其经济效益。

(4)研究表明企业在绿色创新过程中,应当加强绿色供应链管理,特别是针对绿色供应链涵盖的内部环境进行系统管理,针对绿色供应链的绿色采购环节、生态制造环节、绿色价值创造环节以及消费者协作等环节不断加强绿色监管,推进企业内部环境管理改革,开展产品生态设计,实行供应链环节的绿色化采购,加强消费者协作活动。

(5)在绿色创新过程中,需要首先优化网络节点的"度分布",从优化大节点做起,通过优化大节点的相互联系优化整个网络,提升网络扩散的效率。对于某些中小企业而言,就需要不断提升自身的科技水平和绿色创新能力,不断创建自己的品牌,积极开发具有原创性的科学技术,借助已有的复杂网络孵化自己的新技术和新产品,不断构建和提升整体市场竞争力,实现领域的产业制高点,尽可能形成新的绿色扩散源。

(6)企业绿色创新最终形成了一个社会系统,内部由各种要素和联系在新知识的生产、扩散和使用过程中相互作用、相互影响。同时企业绿色创新系统又是一个动态系统,往往以正反馈和再生产为绿色创新的基本特征。构建绿色创新体系的关键是坚持节约资源和保护环境的基本国策,围绕生态文明,以解决环境突出问题为目标,以激发绿色技术市场需求为突破口,以壮大创新主体、增强创新活力为核心，构架以企业为主体、产学研深度融合、资源配置高效的绿色技术创新体系。

（7）企业绿色创新的基本路径在于：其一，通过构建绿色技术创新的新格局，围绕重点耗能行业进行环保综合整治，不断加强对绿色环保产业的开发力度和投资力度。其二，不断完善绿色技术创新的管理体制，围绕涉及绿色技术的所有过程进行全方位跟踪和考核，构建相应的风险补偿机制和人才流动机制等。其三，不断完善企业绿色创新的外部环境建设，优化绿色技术创新的宏观法律法规制定、优化绿色技术知识产权保障，优化企业融资体系构建、鼓励地方政府通过担保基金等方式对绿色技术创新成果进行优先转化提供担保和风险补偿。通过各种手段倡导绿色消费，引导全民加强资源节约，倡导简约低碳的消费文化。引领社会公众、政府公众、社会组织等，全民参与绿色社会发展和绿色社会治理。真正形成全产业链的绿色创新协同模式，最终促进企业和社会的整体发展。

第二节　主要创新点和局限

从总体框架来看，本书主要结合企业的具体案例实践和数学模型进行理论构建，从企业绿色创新的多个维度详细阐述了有关绿色创新的相关理论，并阐述了企业转型升级面临的困境和具体解决路径。从内容来看，本书围绕企业绿色创新的战略转型面临的具体困境进行分析，具体阐明了企业进行绿色创新所面临的外部困境和内部困境。着重围绕新时代企业战略转型和绿色创新的相关动力要素进行研究，通过系统建模的手段详细阐述了企业进行绿色创新的具体扩散机制。通过分析，本书认为企业进行绿色创新的关键是实现绿色绩效和经济绩效的动态均衡。此外，本书还考虑了新时代企业战略转型和绿色创新对社会的价值影响，详细分析了外部网络嵌入型、个体影响因素等对企业绿色创新的影响，并结合绿色供应链模型分析了企业的绿色创新协调机制以及政府的激励政策。相比于其他研究绿色创新的书籍，本书也具有一定的创新点和局限性。

一、创新点

（1）本书对生态创新的作用机理有了系统研究，详细研究了企业生态创新的动力因素，提出企业生态创新是由企业内部如组织资源和能力等所驱动。本书的研究视角和研究方法较新颖，采用由内而外以及理论模型、实证数据与多案例分析相结合的系统研究方式，所采用的动态博弈、直觉模糊等研究方法对生态创新的研究较为新颖；而现有的生态创新研究大多限于定性或理论推导的解释，仅仅停留在观点阐述上，少数实证研究也是以案例研究为主，用以说明生态创新在某一产业的发展过程，缺乏普遍性，没有深入企业生态创新的整个过程，没有考虑生态创新不同阶段各创新要素的作用。

（2）本书提出企业绿色创新的绿色绩效和经济绩效平衡原理。生态绩效和经济绩效的综合考评往往需要同时考虑环境的收益和成本变化，这在一定程度上取决于企业技术的变化与革新程度以及供求双方创新活动的激励程度。现有研究侧重于单独考虑生态绩效或经济绩效，而忽视了两者的平衡。本书则认为企业进行绿色创新的关键是实现经济绩效和绿色绩效的动态平衡。在供应链环节中应当实现企业—政府—高校协同绿色创新，从而实现企业效益的最大化。本书的研究表明企业的绿色创新行为将对企业的产品生产、品牌构建等起到促进作用，最终提升产品的市场价值。

二、局限性

本书从不同视角阐述了企业进行绿色创新面临的内外部困境，并围绕相关的绿色创新内容从环境因素、资源因素、人力因素等多方面予以解释，详细分析了企业如何通过经济绩效和绿色绩效的均衡实现绿色创新，如何通过协调供应链各个环节要素，降低外部因素对绿色创新的负面效应，最终推动企业的发展并实现企业的战略目标。在此基础上，通过模型详细分析了企业的绿色创新过程。然而，限于绿色创新在国内的研究刚刚起步，相关文献资料有限，本书主要存在以下两个局限之处。

（一）研究样本的局限性

本书主要采用系统建模和案例分析相结合的方式，所选取的案例大多是具有代表性的企业绿色创新案例，并且都是正面的成功案例。然而，由于当前我国的各种企业类型多样，总数量较多，行业类型千差万别，地域分布十分广阔，不同行业的不同类型企业在绿色创新和绿色管理过程中仍然存在着较大的差异，不少企业在绿色创新中的相关经验在其他行业未必适用。不同企业的转型升级面临的内外部困境和解决困难的方法也存在着较大的差异性。因此，推演到不同行业的全部企业群体上，可能依然存在着一定的局限性。为此，在企业具体应用绿色创新相关的研究理论和方法时，一定要结合时代背景、行业现状、市场竞争、政府规制政策、企业自身政策等多种要素进行综合评定分析，最终确定不同行业下可能的企业绿色创新路径。

（二）研究过程的局限性

本书主要采取的是以深度访谈和专项调查相结合的方式。在分析相关的企业绿色创新案例和管理经验时有可能会涉及企业的部分机密。为此，企业可能对相关的绿色创新细节有所保留，特别是涉及某些绿色核心技术创新过程的管理经验方面在介绍时多少有所规避。但总体而言，对具体的绿色创新管理过程和价值生产过程没有疑问，对政府补贴政策并未呈现出逆向选择问题。未来可以从更多维度进一步研究企业绿色创新对行业、对社会的具体影响。

参考文献

［1］Ash J, Newth D. Optimizing complex networks for resilience against cascading failure ［J］. Physica A: Statistical Mechanics and Its Applications, 2007 (380): 673 – 683.

［2］Barabási A L, Albert R. Emergence of scaling in random networks ［J］. Science, 1999, 286 (5439): 509 – 512.

［3］Berrone P, Andrea F, Liliana G, et al. Necessity as the mother of "green" inventions: Institutional pressures and environmental innovations ［J］. Strategic Management Journal, 2013, 34 (8): 891 – 909.

［4］De Marchi V. Environmental innovation and R&D cooperation: Empirical evidence from Spanish manufacturing firms ［J］. Research Policy, 2012, 41 (3): 614 – 623.

［5］Demirel P, Kesidou E. Stimulating different types of eco – innovation in the UK: Government policies and firm motivations ［J］. Ecological Economics, 2011, 70 (8): 1546 – 1557.

［6］Frondel M, Rennings K. End – of – pipe or cleaner production? An empirical comparison of environmental innovation decisions across OECD countries ［J］. Business Strategy & the Environment, 2007, 16 (8): 571 – 584.

［7］GAB Ying, LW A, YA Qian. Do corporate environmental ethics influence firms' green practice? The mediating role of green innovation and the moderating role of personal ties ［J］. Journal of Cleaner Production, 2020, 266 (1): 15 – 28.

［8］Gao L, Li M H, Wu J S, et al. Betweenness – based attacks on nodes and edges of food webs ［J］. Dynamics of Continuous Discrete and Impulsive System Series

B, 2006, 13 (3/4): 421.

[9] Horbach J, Rammer C, Rennings K. Determinants of eco – innovations by type of environmental impact: The role of regulatory push/pull, technology push and market pull [J] . Ecological Economics, 2012, 78 (1): 112 – 122.

[10] Horbach J. Determinants of environmental innovation: New evidence from German panel data source [J] . Research Policy, 2008, 37 (1): 163 – 173.

[11] Kemp R. Eco – innovation: definition, measurement and open research issues [J] . Economia Politica, 2010, 27 (3): 397 – 420.

[12] Kesidou E, Demirel P. On the drivers of eco – innovations: Empirical evidence from the UK [J] . Research Policy, 2012, 41 (5): 862 – 870.

[13] Kwon Y K, Cho K H. Analysis of feedback loops and robustness in network evolution based on Boolean models [J] . Bmc Bioinformatics, 2007, 8 (1): 1.

[14] Milgram S. The small world problem [J] . Psychology Today, 1967, 2 (1): 60 – 67.

[15] Nitin Kumar Singh, Siddhartha Pandey, Himanshu Sharma, Sunkulp Goel. Green innovation, sustainable development, and circular economy [M] . Roca Raton: CRC Press: 2020.

[16] Paulin Gohoungodji, Amoin Bernadine N'Dri, Jean – Michel Latulippe, Adriana Leiria Barreto Matos. What is stopping the automotive industry from going green? A systematic review of barriers to green innovation in the automotive industry [J] . Journal of Cleaner Production, 2020, 277 (1): 35 – 47.

[17] Porter M E, Van der Linde C. Green and competitive: Ending the stalemate [J] . Harvard Business Review, 1995, 73 (5): 120 – 134.

[18] Salim Karimi Takalo, Hossein Sayyadi Tooranloo, Zahra Shahabaldini Parizi. Green innovation: A systematic literature review [J] . Journal of Cleaner Production, 2021, 279.

[19] Schiederig T, Tietze F, Herstatt C. Green innovation in technology and innovation management – An exploratory literature review [J] . R&D Management, 2012, 42 (2): 180 – 192.

［20］ Siegel D S. Green management matters only if it yields more Green: An economic strategic perspective ［J］. Academy of Management Perspectives, 2009, 23 (3): 5 – 16.

［21］ Steger U. Managerial issues in closing the loop ［J］. Business Strategy and the Environment, 1996, 5 (4): 252 – 268.

［22］ Tsai K H, Liao Y C. Innovation capacity and the implementation of eco – innovation : Toward a contingency perspective ［J］. Business Strategy and the Environment, 2017, 26 (7): 1000 – 1013.

［23］ Tseng M L, Bui T D. Identifying eco – innovation in industrial symbiosis under linguistic preferences: A novel hierarchical approach ［J］. Journal of Cleaner Production, 2017 (140): 1376 – 1389.

［24］ Wagner M. Empirical influence of environmental management on innovation: Evidence from Europe ［J］. Ecological Economies, 2008, 66 (2/3): 392 – 402.

［25］ Wang Ying, Yang Yun. Analyzing the green innovation practices based on sustainability performance indicators: A Chinese manufacturing industry case ［J］. Environmental Science and Pollution Research International, 2020, 53 (2): 43 – 57.

［26］ Wu G C, Xiao L Z. On the drivers of eco – innovation: Empirical evidence from China ［J］. Journal of Cleaner Production, 2014, 79 (1): 239 – 248.

［27］ YAB Shi, ZA Nan, BL B. Enhancing the competitiveness of multi – agent cooperation for green manufacturing in China: An empirical study of the measure of green technology innovation capabilities and their influencing factors ［J］. Sustainable Production and Consumption, 2020, 23: 63 – 76.

［28］ Yang Y, Shao Y F. Review of eco – innovation study and its implications ［J］. Science of Science and Management of S. & T. , 2011, 32 (8): 107 – 116.

［29］ Zeng S X, Meng X H, Zeng R C, et al. . How environmental management driving forces affect environmental and economic performance of SMEs: A study in the Northern China district ［J］. Journal of Cleaner Production, 2011, 19 (13): 1426 – 1437.

［30］巴常锋. 新时期我国商业银行绿色信贷的发展瓶颈与创新突破［J］. 武汉金融，2016（7）：48－50.

［31］鲍宏，刘志峰，胡迪，柯庆镝，张城. 应用TRIZ的主动再制造绿色创新设计研究［J］. 机械工程学报，2016，52（5）：33－39.

［32］毕克新，申楠. 制造业绿色创新系统知识溢出的传导机制［J］. 学术交流，2016（4）：122－128.

［33］毕克新，杨朝均，隋俊. 跨国公司技术转移对绿色创新绩效影响效果评价——基于制造业绿色创新系统的实证研究［J］. 中国软科学，2015（11）：81－93.

［34］边明英，俞会新，张迎新. 我国绿色创新研究动态及展望——基于文献计量和知识图谱的分析［J］. 科技管理研究，2020，40（16）：236－243.

［35］蔡乌赶，周小亮. 企业绿色创新驱动、整合能力与绩效关系实证研究［J］. 财经论丛，2013（1）：95－100.

［36］曹慧，石宝峰，赵凯. 我国省级绿色创新能力评价及实证［J］. 管理学报，2016，13（8）：1215－1222.

［37］曹继军. 建筑工程管理创新及绿色施工管理［J］. 住宅与房地产，2020（24）：132.

［38］曹霞，于娟. 绿色低碳视角下中国区域创新效率研究［J］. 中国人口·资源与环境，2015，25（5）：10－19.

［39］曹霞，张路蓬. 环境规制下企业绿色技术创新的演化博弈分析——基于利益相关者视角［J］. 系统工程，2017，35（2）：103－108.

［40］曹艳铭. 绿色工艺创新与制造业行业财务绩效关系研究［J］. 经济研究导刊，2020（24）：63－64.

［41］陈国玉. 绿色技术创新研究［D］. 南昌：南昌大学，2008.

［42］陈景新，张月如. 中国区域绿色创新效率及影响因素研究［J］. 改革与战略，2018，34（6）：72－79.

［43］陈玉娇，覃巍. 企业绿色网络对创新绩效的影响——基于我国中小板上市公司抽样调查［J］. 商业经济研究，2017（9）：111－113.

［44］戴晓虎，戴翎翎，段妮娜. 科技创新为我国污泥绿色化低碳发展提供

对策 [J]．建设科技，2017（1）：48－50，52.

[45] 丁堃．作为复杂适应系统的绿色创新系统的特征与机制 [J]．科技管理研究，2008（2）：1－3.

[46] 董会忠，刘帅，刘明睿，唐磊．创新质量对绿色全要素生产率影响的异质性研究——环境规制的动态门槛效应 [J]．科技进步与对策，2019，36（6）：43－50.

[47] 董颖．企业绿色创新的机理研究 [D]．杭州：浙江大学，2011.

[48] 冯志军，陈伟，杨朝均．环境规制差异、创新驱动与中国经济绿色增长 [J]．技术经济，2017，36（8）：61－69.

[49] 付丽娜，贺灵．环境规制对工业绿色创新的影响及其空间异质性研究 [J]．湘潭大学学报（哲学社会科学版），2020，44（5）：92－97.

[50] 高广阔，王艺群．京津冀地区高耗能产业绿色创新效率及影响因素分析——基于空间视角的实证研究 [J]．工业技术经济，2018，37（1）：137－144.

[51] 高键，盛光华，周蕾．绿色产品购买意向的影响机制：基于消费者创新性视角 [J]．广东财经大学学报，2016，31（2）：33－42.

[52] 高萍，王小红．财政投入、环境规制与绿色技术创新效率——基于2008～2015年规模以上工业企业数据的实证 [J]．生态经济，2018，34（4）：93－99.

[53] 高洋．基于 TRIZ 的产品绿色创新设计方法研究 [D]．合肥：合肥工业大学，2012.

[54] 葛鹏飞，黄秀路，徐璋勇．金融发展、创新异质性与绿色全要素生产率提升——来自"一带一路"的经验证据 [J]．财经科学，2018（1）：1－14.

[55] 顾桂芳，胡恩华，李文元．企业创新生态系统治理研究述评与展望 [J]．科技进步与对策，2017（5）：156－160.

[56] 郭进．环境规制对绿色技术创新的影响——"波特效应"的中国证据 [J]．财贸经济，2019，40（3）：147－160.

[57] 郭英远，张胜，张丹萍．环境规制、政府研发资助与绿色技术创新：抑制或促进？——一个研究综述 [J]．华东经济管理，2018，32（7）：40－47.

［58］韩科振．自主创新与技术溢出对我国绿色技术进步的影响研究——基于面板门限模型的实证分析［J］．价格理论与实践，2020（7）：149 – 153.

［59］何爱平，安梦天．习近平新时代中国特色社会主义绿色发展思想的科学内涵与理论创新［J］．西北大学学报（哲学社会科学版），2018，48（5）：84 – 93.

［60］何小钢．能源约束、绿色技术创新与可持续增长——理论模型与经验证据［J］．中南财经政法大学学报，2015（4）：30 – 38，158 – 159.

［61］侯建，陈恒．中国高专利密集度制造业技术创新绿色转型绩效及驱动因素研究［J］．管理评论，2018，30（4）：59 – 69.

［62］侯玉巧，郑军，汪发元．财政投入、绿色创新对城镇化影响的动态分析——基于长江经济带2003 – 2017年数据［J］．长江技术经济，2020，4（2）：41 – 47.

［63］胡劲松，刘玉红，马德青．技术创新下考虑绿色度和溯源商誉的食品供应链动态策略［J］．软科学，2021，35（1）：39 – 49.

［64］胡锡琴，杨琴．FDI、能源效率与自主创新的空间外溢效应［J］．财经论丛，2017（9）：105 – 112.

［65］黄娟．"五大发展"理念下生态文明建设的思考［J］．中国特色社会主义研究，2016（5）：83 – 88.

［66］黄磊，吴传清．长江经济带工业绿色创新发展效率及其协同效应［J］．重庆大学学报（社会科学版），2019，25（3）：1 – 13.

［67］黄茂兴，杨雪星．全球绿色经济竞争力评价与提升路径——以G20为例［J］．经济研究参考，2016（16）：27 – 36.

［68］黄书真，徐福缘，何建佳．考虑市场偏好和创新意愿的绿色供应链契约协调研究［J］．技术与创新管理，2017，38（2）：182 – 188，206.

［69］黄晓杏，胡振鹏，傅春，余达锦．绿色创新战略对企业绩效的影响机理——基于绿色动态能力的中介效应［J］．科技进步与对策，2015，32（17）：104 – 109.

［70］黄雪．基于ISM – ANP的绿色产品创新影响因素研究［D］．郑州：郑州大学，2017.

［71］姜鑫，申君宜，张东英．人力资本对绿色创新系统创新绩效的影响研究——基于我国制造业的 DEA – Tobit 分析［J］．科技与管理，2019，21（2）：20 – 26.

［72］劳可夫．消费者创新性对绿色消费行为的影响机制研究［J］．南开管理评论，2013，16（4）：106 – 113，132.

［73］李大元，黄敏，周志方．组织合法性对企业碳信息披露影响机制研究——来自 CDP 中国 100 的证据［J］．研究与发展管理，2016，28（5）：44 – 54.

［74］李冬伟，张春婷．环境战略、绿色创新与绿色形象［J］．财会月刊，2017（32）：3 – 10.

［75］李广培，全佳敏．绿色技术创新能力的影响因素与形成研究综述［J］．物流工程与管理，2015，37（11）：251 – 256.

［76］李国祥，张伟，王亚君．对外直接投资、环境规制与国内绿色技术创新［J］．科技管理研究，2016，36（13）：227 – 231，236.

［77］李华晶．绿色创业生态系统的创新机理研究［J］．东南学术，2020（5）：126 – 135.

［78］李慧，唐晓莹．利益相关者导向与企业绩效关系分析：绿色创新的中介效应［J］．科技进步与对策，2017，34（9）：6 – 12.

［79］李杰中．制浆造纸企业绿色技术创新能力评价指标体系构建研究［J］．牡丹江大学学报，2016，25（2）：16 – 19.

［80］李金滟，李超，李泽宇．城市绿色创新效率评价及其影响因素分析［J］．统计与决策，2017（20）：116 – 120.

［81］李琳，王足．我国区域制造业绿色竞争力评价及动态比较［J］．经济问题探索，2017（1）：64 – 71，81.

［82］李敏，杜鹏程．长江经济带区域绿色持续创新能力的差异性研究［J］．华东经济管理，2018，32（2）：83 – 90.

［83］李巧华，唐明凤．企业绿色创新：市场导向抑或政策导向［J］．财经科学，2014（2）：70 – 78.

［84］李巧华．生产型企业绿色创新：影响因素及绩效相关［D］．成都：西南财经大学，2014.

［85］李青青，朱泰玉，高兵．环境规制对企业绿色创新的影响研究［J］．科技创业月刊，2020，33（8）：7－14．

［86］李婉红，毕克新，孙冰．环境规制强度对污染密集行业绿色技术创新的影响研究——基于2003－2010年面板数据的实证检验［J］．研究与发展管理，2013，25（6）：72－81．

［87］李文鸿，曹万林．FDI、环境规制与区域绿色创新效率［J］．统计与决策，2020，36（19）：118－122．

［88］李晓阳，赵宏磊，林恬竹．中国工业的绿色创新效率［J］．首都经济贸易大学学报，2018，20（3）：41－49．

［89］李心印．刍议绿色金融工具创新的必要性和方式［J］．辽宁省社会主义学院学报，2006（4）：43－44．

［90］李怡娜，叶飞．制度压力、绿色环保创新实践与企业绩效关系——基于新制度主义理论和生态现代化理论视角［J］．科学学研究，2011，29（12）：1884－1894．

［91］李稚，段珅，孙涛．制造业产业集聚如何影响生态环境——基于绿色技术创新与外商直接投资的双中介模型［J］．科技进步与对策，2019，36（6）：51－57．

［92］刘斌斌，黄吉焱．FDI进入方式对地区绿色技术创新效率影响研究——基于环境规制强度差异视角［J］．当代财经，2017（4）：89－98．

［93］刘佳，宋秋月．中国旅游产业绿色创新效率的空间网络结构与形成机制［J］．中国人口·资源与环境，2018，28（8）：127－137．

［94］刘金全，魏阙．创新、产业结构升级与绿色经济发展的关联效应研究［J］．工业技术经济，2020，39（11）：28－34．

［95］刘津汝，曾先峰，曾倩．环境规制与政府创新补贴对企业绿色产品创新的影响［J］．经济与管理研究，2019，40（6）：106－118．

［96］刘明广．区域创新系统绿色创新效率的空间分布及收敛性研究［J］．工业技术经济，2017，36（4）：10－18．

［97］刘楠．绿色发展新理念下的PPP模式创新实践研究［J］．物流工程与管理，2016，38（7）：253－254．

[98] 刘薇. 国内外绿色创新与发展研究动态综述 [J]. 中国环境管理干部学院学报, 2012, 22 (5): 17-20.

[99] 刘细良, 申华冉, 李华京. 发展绿色交通的环境规制工具创新——基于外部性理论的分析 [J]. 湖南大学学报 (社会科学版), 2016, 30 (5): 79-84.

[100] 刘颖. 基于绿色设计的制造业产品创新应用 [J]. 锻压装备与制造技术, 2020, 55 (4): 129-131.

[101] 刘云强, 权泉, 朱佳玲, 王芳. 绿色技术创新、产业集聚与生态效率——以长江经济带城市群为例 [J]. 长江流域资源与环境, 2018, 27 (11): 2395-2406.

[102] 刘章生, 宋德勇, 弓媛媛, 罗传建. 中国制造业绿色技术创新能力的行业差异与影响因素分析 [J]. 情报杂志, 2017, 36 (1): 194-200.

[103] 楼高翔, 向璐. 公平关切下供应商主导的复合绿色创新决策研究 [J]. 科技管理研究, 2020, 40 (18): 210-216.

[104] 罗成翼, 代艳丽, 黄秋生. 创新·协调·绿色·开放·共享——中国共产党对发展规律的新认识 [J]. 南华大学学报 (社会科学版), 2015, 16 (6): 1-7.

[105] 罗良文, 梁圣蓉. 国际研发资本技术溢出对中国绿色创新效率的空间效应 [J]. 经济管理, 2017, 39 (3): 21-33.

[106] 罗良文, 张万里. 区域绿色技术创新效率对生态效率的影响分析 [J]. 湖北社会科学, 2017 (3): 69-78.

[107] 马媛, 侯贵生, 尹华. 绿色创新、双元性学习与企业收益的关系——基于资源型企业的实证研究 [J]. 技术经济, 2016, 35 (5): 46-52.

[108] 毛凯. 复杂网络结构的稳定性与鲁棒性研究 [J]. 计算机科学, 2015 (4): 85-88.

[109] 孟科学, 雷鹏飞. 企业绿色创新的组织场域、组织退耦与环境政策启示 [J]. 经济学家, 2017 (2): 43-49.

[110] 孟卫东, 傅博. 绿色创新绩效区域集聚效应与空间异质性研究 [J]. 统计与决策, 2017 (16): 94-97.

[111] 聂名华, 齐昊. 对外直接投资能否提升中国工业绿色创新效率? 基于

创新价值链与空间关联的视角［J］．世界经济研究，2019（2）：111 - 122，137.

［112］潘楚林，田虹．环境领导力、绿色组织认同与企业绿色创新绩效［J］．管理学报，2017，14（6）：832 - 841.

［113］彭文斌，路江林．环境规制与绿色创新政策：基于外部性的理论逻辑［J］．社会科学，2017（10）：73 - 83.

［114］彭文斌，文泽宙，邝嫦娥．中国城市绿色创新空间格局及其影响因素［J］．广东财经大学学报，2019，34（1）：25 - 37.

［115］彭文斌，尹勇．环境规制、绿色创新与空间效应——基于281个地级市面板数据的实证研究［J］．湘潭大学学报（哲学社会科学版），2020，44（5）：86 - 91.

［116］彭绪庶．绿色经济促进创新发展的机制与路径［J］．经济纵横，2017（9）：56 - 61.

［117］彭雪蓉．利益相关者环保导向、绿色创新与企业绩效：组织合法性视角［D］．杭州：浙江大学，2014.

［118］戚湧，王明阳．绿色金融政策驱动下的企业技术创新博弈研究［J］．工业技术经济，2019，38（1）：3 - 10.

［119］申玲，赵伟川，牟月．社区参与视角下既有居住建筑绿色改造 PPP 模式创新［J］．土木工程与管理学报，2019，36（1）：8 - 15，23.

［120］施建军，张文红，杨静，孟源．绿色创新战略中的利益相关者管理——基于江苏紫荆花公司的案例研究［J］．中国工业经济，2012（11）：123 - 134.

［121］石天琦，蒋涛．长三角地区绿色创新效率时空格局演变及影响因素研究［J］．生产力研究，2020（9）：102 - 106，110.

［122］舒丽慧，陈工．政府规制、绿色创新意愿与绿色技术创新能力——基于中国能源企业的证据［J］．广西财经学院学报，2020，33（4）：115 - 124.

［123］宋德勇，李项佑，李超．资源枯竭城市转移支付对绿色技术创新的影响——赋能激励抑或政策陷阱［J］．工业技术经济，2020，39（11）：19 - 27.

［124］孙健慧，张海波．绿色供应链协同创新合作策略研究［J］．工业工

程，2020，23（4）：53－60，92.

[125] 孙丽文，曹璐．中国制造业绿色创新系统构建及协同度分析 [J].
技术经济，2017，36（7）：48－55.

[126] 田翠香，藏冲冲．政府补助对企业绿色技术创新的双重政策效应探究
[J]．环境保护与循环经济，2017，37（1）：18－21.

[127] 田红彬，郝雯雯．FDI、环境规制与绿色创新效率 [J]．中国软科
学，2020（8）：174－183.

[128] 田亚会．绿色技术创新对流通产业生态与经济转型升级的耦合机
制——基于中国省域面板数据的检验 [J]．商业经济研究，2020（16）：12－
16.

[129] 童昕，陈天鸣．全球环境管制与绿色创新扩散——深圳、东莞电子制
造企业调查 [J]．中国软科学，2007（9）：69－76.

[130] 万伦来，黄志斌．推动绿色技术创新，促进经济可持续发展——
"全国绿色技术创新与社会经济发展研讨会"综述 [J]．自然辩证法研究，2003
（2）：94－95.

[131] 万雨，刘志英．环境规制与长江经济带绿色技术创新——基于平衡面
板数据的实证检验 [J]．科技与经济，2020，33（5）：31－35.

[132] 汪明月，李颖明，管开轩．政府市场规制对企业绿色技术创新决策与
绩效的影响 [J]．系统工程理论与实践，2020，40（5）：1158－1177.

[133] 汪明月，李颖明．建立产学研金介协同机制　构建市场导向的绿色技
术创新体系 [N]．科技日报，2020－11－06（005）.

[134] 王德章，李龙，李翠霞．我国绿色食品产业集群创新与发展竞争优势
研究 [J]．农业经济问题，2007（5）：91－94.

[135] 王桂堂，张钰，梁夏．绿色发展、碳金融实践与金融创新若干问题的
思考 [J]．金融理论与实践，2017（8）：101－104.

[136] 王惠，苗壮，王树乔．空间溢出、产业集聚效应与工业绿色创新效率
[J]．中国科技论坛，2015（12）：33－38.

[137] 王惠，王树乔，苗壮，李小聪．研发投入对绿色创新效率的异质门槛
效应——基于中国高技术产业的经验研究 [J]．科研管理，2016，37（2）：

63 - 71.

[138] 王军, 李萍. 新常态下中国经济增长动力新解——基于"创新、协调、绿色、开放、共享"的测算与对比 [J]. 经济与管理研究, 2017, 38 (7): 3 - 13.

[139] 王苹果, 黄子龙, 和军. 绿色 PPP 融资的模式创新与策略选择 [J]. 西南金融, 2019 (2): 49 - 55.

[140] 王淑英, 李博博, 张水娟. 基于空间计量的环境规制、空间溢出与绿色创新研究 [J]. 地域研究与开发, 2018, 37 (2): 138 - 144.

[141] 王旭, 褚旭, 王非. 绿色技术创新与企业融资契约最优动态配置——基于高科技制造业上市公司面板数据的实证研究 [J]. 研究与发展管理, 2018, 30 (6): 12 - 22.

[142] 魏龙, 张虎. 环境规制对绿色技术创新效率: 促进还是抑制? ——基于创新价值链和空间外溢的双重视角 [J]. 北京邮电大学学报 (社会科学版), 2020, 22 (4): 48 - 58.

[143] 吴美琴, 肖慧, 樊晓宏, 李常洪. 区域绿色创新三阶段效率研究——基于 NSBM 模型的分析 [J]. 山西大学学报 (哲学社会科学版), 2016, 39 (6): 79 - 86.

[144] 吴晓波, 杨发明. 绿色技术的创新与扩散 [J]. 科研管理, 1996 (1): 38 - 41.

[145] 伍格致, 游达明. 环境规制对技术创新与绿色全要素生产率的影响机制: 基于财政分权的调节作用 [J]. 管理工程学报, 2019, 33 (1): 37 - 50.

[146] 武力超, 陈韦亨, 林澜, 冯巧. 创新及绿色技术创新对企业全要素生产率的影响研究 [J/OL]. 数理统计与管理: 1 - 15 [- 11 - 16]. https://doi.org/10. 13860/j. cnki. sltj. 20200818 - 007.

[147] 项尉航. 基于绿色施工管理理念下的建筑施工管理创新研究 [J]. 建材与装饰, 2019 (15): 183 - 184.

[148] 肖黎明, 肖沁霖. 国内外绿色创新研究进展与热点——基于 CiteSpace 的可视化分析 [J]. 资源开发与市场, 2018, 34 (9): 1212 - 1220.

[149] 肖黎明, 杨赛楠. 生态文明视域下资源型区域技术创新能力评价

[J]．科技管理研究，2016，36（16）：250－255．

[150] 肖仁桥，丁娟，钱丽．绿色创新绩效评价研究述评 [J]．贵州财经大学学报，2017（2）：100－110．

[151] 肖仁桥，丁娟．我国企业绿色创新效率及其空间溢出效应——基于两阶段价值链视角 [J]．山西财经大学学报，2017，39（12）：45－58．

[152] 肖仁桥，宋莹，钱丽．企业绿色创新产出及其空间溢出效应研究——基于两阶段价值链视角 [J]．财贸研究，2019，30（4）：71－83．

[153] 肖仁桥，徐梅．绿色技术创新发展研究述评 [J]．重庆科技学院学报（社会科学版），2017（2）：29－34．

[154] 徐滨士，朱胜，史佩京．绿色再制造技术的创新发展 [J]．焊接技术，2016，45（5）：11－14．

[155] 徐建中，贯君．基于二元语义组合赋权的制造企业绿色创新能力评价模型及实证研究 [J]．运筹与管理，2017，26（4）：124－131．

[156] 徐建中，王曼曼．FDI 流入对绿色技术创新的影响及区域比较 [J]．科技进步与对策，2018，35（22）：30－37．

[157] 徐建中，王曼曼．绿色技术创新、环境规制与能源强度——基于中国制造业的实证分析 [J]．科学学研究，2018，36（4）：744－753．

[158] 徐祥民．绿色发展思想对可持续发展主张的超越与绿色法制创新 [J]．法学论坛，2018，33（6）：5－19．

[159] 严金强，杨小勇．以绿色金融推动构建绿色技术创新体系 [J]．福建论坛（人文社会科学版），2018（3）：41－47．

[160] 杨朝均，刘立菊．绿色创新与经济开放的协同发展度评价及动态演化研究 [J]．重庆理工大学学报（社会科学版），2020，34（5）：34－46．

[161] 杨朝均，王冬彧，毕克新．开放经济背景下绿色创新驱动因素的空间效应研究 [J]．统计与决策，2020（20）：62－66．

[162] 杨朝均，杨文珂，赵梓霖．中国区域绿色创新影响因素研究 [J]．华东经济管理，2018，32（9）：95－102．

[163] 杨冬云，谢杨．企业社会责任、绿色创新能力与企业环境绩效 [J]．财会通讯，2019（6）：100－104．

［164］杨发庭．构建绿色技术创新的联动制度体系研究［J］．学术论坛，2016，39（1）：25－30.

［165］杨华峰．绿色技术创新：企业发展循环经济的有效动力［J］．求索，2005（9）：35－36，166.

［166］杨静，刘秋华，施建军．企业绿色创新战略的价值研究［J］．科研管理，2015，36（1）：18－25.

［167］杨秋月，陈清华．环境规制与工业企业绿色创新效率——基于面板数据的2SLS实证研究［J］．宁夏社会科学，2017（5）：60－67.

［168］杨勇，吕克亭．制造业企业绿色响应对创新绩效的影响研究［J］．生态经济，2020，36（11）：54－59，87.

［169］叶高洁．绿色施工管理理念下创新房屋建筑施工管理的有效策略［J］．工程技术研究，2018（5）：182－183.

［170］叶红雨，王圣浩．环境规制对企业财务绩效影响的实证研究——基于绿色创新的中介效应［J］．资源开发与市场，2017，33（11）：1328－1333.

［171］叶其文．基于绿色施工管理理念下的建筑工程施工管理创新思考［J］．建材与装饰，2016（14）：175－176.

［172］游达明，欧阳乐茜．环境规制对工业企业绿色创新效率的影响——基于空间杜宾模型的实证分析［J］．改革，2020（5）：122－138.

［173］游达明，朱桂菊．不同竞合模式下企业绿色技术创新最优研发与补贴［J］．中国工业经济，2014（8）：122－134.

［174］余慧敏．环境规制对绿色创新绩效的影响——以研发密度为调节变量［J］．新经济，2015（2）：5－6.

［175］余淑均，李雪松，彭哲远．环境规制模式与长江经济带绿色创新效率研究——基于38个城市的实证分析［J］．江海学刊，2017（3）：209－214.

［176］袁宝龙，李琛．环境规制政策下创新驱动中国工业绿色全要素生产率研究［J］．产业经济研究，2018（5）：101－113.

［177］袁洁．中国绿色创新发展耦合协调度测算及其影响因素研究［D］．南昌：江西财经大学，2020.

［178］袁润松，丰超，王苗，黄健柏．技术创新、技术差距与中国区域绿色

发展 [J]．科学学研究，2016，34（10）：1593－1600．

[179] 苑琳，崔煊岳．政府绿色治理创新：内涵、形势与战略选择 [J]．中国行政管理，2016（11）：151－154．

[180] 岳鸿飞．基于环境规制的我国绿色技术创新效率测算 [J]．统计与决策，2018，34（8）：100－104．

[181] 詹小颖．我国绿色金融发展的现实困境与制度创新 [J]．南方金融，2017（12）：69－75．

[182] 张峰，史志伟，宋晓娜，闫秀霞．先进制造业绿色技术创新效率及其环境规制门槛效应 [J]．科技进步与对策，2019，36（12）：62－70．

[183] 张洪潮，李芳，张静萍．资源型区域工业企业两阶段技术创新效率评价——基于绿色增长视角 [J]．科技管理研究，2017，37（8）：69－76．

[184] 张江雪，张力小，李丁．绿色技术创新：制度障碍与政策体系 [J]．中国行政管理，2018（2）：153－155．

[185] 张江雪，朱磊．基于绿色增长的我国各地区工业企业技术创新效率研究 [J]．数量经济技术经济研究，2012，29（2）：113－125．

[186] 张立恒．环境规制对河南省工业企业绿色技术创新的影响研究 [J]．商业会计，2020（17）：15－18，119．

[187] 张启尧，才凌惠，孙习祥．绿色知识管理能力、双元绿色创新与企业绩效关系的实证研究 [J]．管理现代化，2016，36（5）：48－50．

[188] 张倩，曲世友．环境规制对企业绿色技术创新的影响研究及政策启示 [J]．中国科技论坛，2013（7）：11－17．

[189] 张小筠，刘戒骄，李斌．环境规制、技术创新与制造业绿色发展 [J]．广东财经大学学报，2020，35（5）：48－57．

[190] 张旭，杜瑶．绿色增长战略实施能力体系研究 [J]．科研管理，2014，35（12）：153－159．

[191] 张妍，魏江，彭雪蓉．组织间网络与创新关系研究述评 [J]．研究与发展管理，2015（2）：34－42．

[192] 张逸昕，林秀梅．中国省际绿色创新效率与系统协调度双演化研究 [J]．当代经济研究，2015（3）：51－56．

［193］张玉丽．京津冀制造业绿色创新效率研究［J］．价值工程，2020，39（14）：108－109.

［194］赵华林．高质量发展的关键：创新驱动、绿色发展和民生福祉［J］．中国环境管理，2018，10（4）：5－9.

［195］赵建军．中国的绿色发展：机遇、挑战与创新战略［J］．人民论坛·学术前沿，2013（19）：80－85，95.

［196］赵江．新时代浙商企业技术创新和管理创新经验——基于价值创造的视角［M］．北京：经济管理出版社，2020.

［197］赵霞．我国流通产业发展方式创新与转变——基于绿色流通视角［J］．商业经济研究，2018（15）：15－17.

［198］钟书华．我国绿色技术创新的现状分析［J］．科技导报，2002（5）：55－57.

［199］周天凯．我国绿色创新效率评价及影响因素研究［D］．北京：中国矿业大学，2020.

［200］朱承亮．中国制造业绿色创新绩效及其行业差异［J］．城市与环境研究，2017（1）：73－84.

后　记

一点飞鸿影下，青山绿水，白草红叶黄花。两线钱塘走之，碧海蓝天，苍松翠竹紫兰。本书的写作源于多年前初次踏入杭城时近距离感受杭城的一蓑烟雨。杭州——这一富有诗情画意的城市写就了无数绮丽多彩的艺术人生。"积土而为山，积水而为海"，对城市的热爱归结到对山山水水的热爱。然而，"风渐渐，雨纤纤。难怪春愁细细添"，城市的发展引发了诸多现实问题，人口激增带来的环境污染、资源浪费问题接踵而来。这再次引发了公众对环境保护的重视。虽然改革开放 40 多年以来，浙江的制造企业取得了巨大的发展，但这一发展也是建立在资源利用度不高、能源耗费较高的前提之上。对企业而言，整合绿色创新产品的关键是协调"环保—污染"的二重性。随着互联网＋绿色，互联网＋人工智能等的突破与创新，市场的供需状态发生了较大变化，这就需要将习近平总书记的"绿水青山就是金山银山"这一科学论断落到实处。对于一般企业而言，就需要在保持现有生产技术不变的情况下，大力开展绿色的技术创新。企业的绿色创新既有别于一般的企业技术创新，又植根于技术创新。通过绿色创新，企业实现了转型升级。然而，绿色创新需要研究的问题也很多，值得思考的内容也很多，如何选择有效的研究视角深入阐述企业绿色创新的机理而非对这一问题流于表象的阐述一直都是一个难题。不同的研究视角都有不同的收获。"千淘万漉虽辛苦，吹尽狂沙始到金"，结合浙江企业的具体实践，本书从绿色创新面临的要素问题着手，运用博弈模型、直觉模糊模型等进行分析，通过研究企业绿色创新的关键性问题，即绿色绩效和经济绩效平衡机制问题来分析企业创新和绿色转型的经验。通过将这一矛盾集合体纳入同一研究范式，可以深刻理解企业创新的过程。

"一语天然万古新，豪华落尽见真淳"，对浙江企业绿色创新的研究只能说是一小步。浙江企业的数量众多，不少民营企业在技术创新和管理创新方面都做出了突出的贡献，通过各种创新举措推动了企业发展的步伐。特别是在大数据时代，包括云计算、人工智能、大数据分析等技术正日益影响企业的变革，改变传统企业的增长方式。新一代的浙江企业正在勇立潮头，只争朝夕。外部环境的变化对企业提出了更高的要求，客观上要求企业加快技术的变革与创新，实现数字化的改革；而国家和政府对环境规制的要求提升客观上也要求企业重新审视自己的经营活动，这就需要企业有壮士断腕的勇气和魄力，选准企业的经营方向，不断开拓新的经营模式，加快管理创新，以创新推动企业发展，继续走在时代的前列。

"丘山积卑而为高，江河合水而为大。"本书的出版既传承传统，又体现时代特征。笔者力求通过较为明确的理论模型体系和扎实的案例基础把浙江企业绿色创新实践过程予以完全呈现。通过分析企业绿色创新的基本模式以及绿色创新的机制，发现绿色创新的难点在于其双目标性，如何平衡绿色绩效和经济绩效，寻找出最优的结果成为企业的重中之重。本书的相关研究得益于浙江省社会科学规划项目基金（21NDJC096YB）以及浙江省软科学重点项目基金（2021C25036）的资金支持。相关的出版经费得益于浙江财经大学创新和绿色转型团队的支持。在浙江财经大学工商管理学院王建明院长、校党委组织部董进才部长以及工商管理学院副院长戴维奇教授、副院长张雷教授等的帮助下，本书得以付梓。

"博观而约取，厚积而薄发。"本书在写作过程中参考了大量的参考文献，并进行了大量的企业走访调研，完稿后经过多次校对和修订才让本书得以展现容姿。希望本书的出版能够为处于变革转型迷惘期的浙江企业发展提供一定的智力支持，能让企业思考一下未来究竟走什么样的路。"归志宁无五亩园，读书本意在元元"，本书对浙江企业绿色创新和转型升级的描述只能说是展现了冰山的一角，对于企业而言如何将绿色创新制度化、市场化，如何提升企业的绩效还有许多问题值得深思。希望本书的付梓能在一定程度上对中国企业的绿色技术进步和绿色管理发展提供些许经验。

赵 江

2021 年 2 月